1 년 준비해서 사관학교 가는 법

국내 최대 대형수송함 마라도함을 건조하는 업무에 매진하던 그 시절, 저자와 2년을 넘게 동고동락하면서 그의 입담을 통해 이 책의 내용을 미리 들어보는 즐거움을 누렸던 적이 있다.

그래서인지 문장 하나하나에서 저자의 숨결을 느낄 수 있었다.

이 책은 흔히 볼 수 있는 고3의 어려움과 좌절 극복방법을 나열한 책이 아니다. 저자는 본인의 경험을 독자들과 공유함으로써 여러분들에게 희망의 메시지를 전달하고 있다.

화려한 문장은 아니지만 진솔함이 묻어나는 이 책은 고3의 고단함을 저자 특유의 열정과 위트로 극복한 경험을 마치 아주 친한 형이 수험생들에게 이야기하듯 생생하게 전달하고 있다.

노쪼록 많은 수험생이 이 책으로 인해 고단한 학업 속에서도 여유와 희망을 잃지 않고 좋은 성과를 이루기를 기원한다. 특히 많은 학생이 해군사관학교에 입학하여 선후배로 만날 수 있기를 기원한다.

방위사업청 최상덕

"하고 싶은 사람은 방법을 찾아내고,
하기 싫은 사람은 구실을 찾아낸다."
- 아라비아 속담 -

2018년 4월, 업무를 쉬고 석사 교육을 받는 김에 책을 한 권 썼다.
'해군장교의 유쾌한 세계일주기'

처음에는 2008년 해군사관학교를 함께 졸업한 62기 동기생들의
임관 10주년을 기념하기 위해서 쓰기 시작했다. 그런데 글을 쓰다 보
니 많은 학생들이 해군과 해군사관학교에 지원해주기를 바라는 마음
이 생겨 나의 입시 이야기를 아주 짧게 언급하게 되었다.

'...그 꿈은 일 년 만에 수능 점수 400점 만점에 150점을 향
상시켜 주었고, 3개 사관학교 중 가장 합격점이 높았던 해군
사관학교로 나를 초대했다…'
- 해군장교의 유쾌한 세계일주기 본문 중 -

이 문장은 지금 모의고사 성적에 너무 연연하지 말고 해군사관학교로 많이 지원해달라는 의미였는데 독자들은 그것보다 '어떻게 공부해서 단기간에 고득점을 올렸나?'에 더욱 관심을 가졌다.

나름 괜찮은 성과라고 생각해 주셨고, 전국적으로 봐도 나 같은 경우가 드문 일이라는 것을 알았다. 공부하는데 참고하기 위해서, 또는 당신들의 자녀에게 들려주기 위해서 이야기를 해달라는 분들이 많았다.

내 첫 책을 읽어주신 고마운 사람들이 원한다면, 또 선배님과 동기들의 자녀들이 사관학교에 진학하는데 조금이라도 도움이 된다면 짧은 경험담이라도 말씀드려야 한다고 생각했다.

하지만 별것도 없는 내가 이런 글을 써도 되나? 정말로 공부 잘하는 학생들의 성적에 비하면 수십 점은 부족한데, 당장 수능 만점자도 여럿 있고, 고시 합격자도 있는데 내가 뭐라고….

그래서 고민이 되었다. 경험담이긴 하지만 괜히 진짜 공부 잘하는 분들의 비웃음만 사는 게 아닌가 싶었다.

하지만 본질을 생각해보았다.

'내가 왜 책을 쓰기 시작했더라?'

당장 장교로서 능력을 쌓아야 하는 내가 내 코가 석자인 상황에서 이렇게 번외의 삶을 가지기 시작한 것은 석사 공부를 시작하면서 부터였다.

고등학교를 졸업하고 지금까지 3주 연속 제대로 쉬어본 적이 없다. 그런데 석사 위탁 교육 덕분에 2년의 세월 동안 업무를 손에서 놓으니 죄책감이 들면서 공직자로서 국가나 국민을 위해 무엇이라도 남겨야겠다는 마음이 들었다. 20살부터 매일의 업무가 국가와 국민을 위한 일이었지만 지금은 그들의 도움으로 내 학위가 올라가고 새로운 세상을 접하고 있으니 이 시기에 은혜를 갚아야겠다는 생각이 들었다. 그래서 시작했다.

내가 현역 장교임에도 불구하고 책을 쓰는 이유는 세 가지이다. 첫째, 정부와 군의 청사진을 그려보고, 독자들의 반응을 보아 내가 상상하는 미래의 방향이 적절한지를 관찰해보기 위해서다.

둘, 정부와 군의 대민 신뢰도를 향상시키기 위해서다. 예를 들면 미래와 정서가 변하는 만큼 군의 모습도 어떠한 형태로 변화되어야 하지 않을까 하고 그린 내 상상을 국민들께 확인받는 다거나, 군인이나 공무원이 설명하기 애매한 국민과의 오해가 있다면 가볍게 읽을 수 있는 책을 통하여 친숙하고 익살스럽게 풀면 좋겠다는 생각이 들어서다. 그 와중에 모교인 해군사관학교와 직장인 해군을 홍보하는 것은 부가적인 내 보람이다.

세 번째 이유는… 비밀이다. 이 책을 읽다보면 알게 될 것이다.

이렇게 다시 정리해서 생각해보니 내가 수능 공부를 하던 시절의 이야기를 하면서 자연스럽게 사관학교 이야기를 하면, 이것이 공부하는 모든 청춘들에게 도움이 될 것 같고, 조금이라도 도움이 된다면 이보다 만족스러운 보람은 찾을 수 없을 것 같았다.

고교 시절, 나에겐 정말 특별할 것이 없었다. 신체적·정신적 능력에서 집안, 그리고 성장 과정 등이 모두 평범했다. 나름대로는 힘들고 고달플 때도 있었지만 지금 와서 생각해 보니 누구나 겪게 되는 별것 아닌 순간들이었다. 그래서 한국인 표준인 내가 어려웠다면 당신도 아마 어려울 것이고, 내가 해냈으면 당신도 충분히 해낼 수 있다고 자신 있게 말할 수 있다.

대한민국 표준의 고등학교 2학년생의 겨울 수능 모의고사에서 3학년 겨울 진짜 수학능력시험 평가까지 1년간 공부했던 나름의 노하우를 공유해 더 많은 인재들이 사관학교나 명문 대학교에 입학하길 바라는 마음이다.

여기 적혀있는 공부 방법들은 내가 직접 수능 성적표를 받아든 다음에 기록했던 내용들이다. 당시 기록을 시작한 이유는, 혹시 다시 공부해야 할 때(당장 재수할 형편이 못 되었지만 아르바이트를 해서라도 재수를 하게 된다면)가 온다면 지속적으로 공부하던 감을 유지하기 위함이었다. 또는 공부시켜야 할 동생이나 자녀라도 생긴다면 조금이라도 참고가 될까봐 나만 기억할 수 있게 대충 적어둔 내용들이다. 그렇기 때문에 이 책은 수험 준비 시절의 짧은 경험 공유에 불과하다.

나는 자기계발서를 별로 좋아하지 않는다. 성공한, 또는 무언가 잘 풀린 사람의 경험담은 때로 사람들을 좌절하게 만들기 때문이다. 이른바 성공했다는 사람이 '나처럼 열심히 공부해 봐'라고 했는데 알고 보니 높은 지능이나 든든한 집안 배경이 있는 경우가 많았다.

예를 들어 아이큐가 150이 훌쩍 넘는다든지, '나는 이렇게 수없이 실패해도 도전했어.'라고 했는데 알고 보니 얼마든지 실패해도 용서되고 기회가 주어지는 든든한 집안 배경이 있다든지, '나처럼 하고 싶은 거 다 해봐.'라고 했는데 알고 보니 진짜 다 해보고 나서 부모님 회사에 중역으로 취직한다든지 하는 경우들이 많았기 때문이다. 그들이 가진 것이 얼마나 든든한 것인지 그들이 모르고 있다는 사실은 평범한 능력과 집안을 가진 나로서는 읽을 때마다 오히려 힘 빠지게 만드는 것이었다. 그들과 내가 사는 세상은 다른 세상이었다. 또한 성공했다는 기성세대와는 시대적 배경 자체가 다르다.

따라서 비슷한 시대에, 특별한 재능이 없는 나의 이야기는 그런 면에서 더 참고가 되리라 확신한다.

하지만 그럼에도 불구하고 저 분들이 꾸준히 주장하며 시도하는 것, 노력 그 자체는 중요하다. 노력한 사람이 모두 성공했다고는 할 수 없지만, 성공한 사람은 모두 노력했기 때문이다. 게다가 나, 또는 우리 같은 서민은 시도할 기회가 한정되어 있고, 능력이 제한적이다. 노력하고 시도할 수 있는 기회 자체가 더 가진 사람들에 비해서 몹시 부족하다. 그래서 노력의 밀도를 상당히 끌어올리는 것이 중요하다고 생각한다. 나는 거기에 집중적으로 전략을 짜내는데 집중했기 때문에 비슷한 처지의 수험생들이 그나마 공감할 수 있는 내용이 될지도 모르겠다는 생각이 든다.

나는 수능 만점을 받은 것도 아니며 대단한 직책을 수여받은 사람도 아니다. 그저 약 12개월, 정확히는 11개월을 그동안 공부해왔던 것과 다른 방법으로 공부해서 5등급에서 1등급이 된 고등학생일 뿐이었다. 게다가 11개월간의 공부 방법은 그 전 공부 방법보다 더 고통스럽지도 않았다.

"지금 성적이 안 좋아도 괜찮아. 이런 방법으로 공부하면 지금보다는 반드시 나아질 거야. 내가 보장할게."

인생에 힘이 되는 명언도 많지만 정말로 경험한 이야기를 이렇게 공유한다면 지칠 때 한 걸음이라도 내딛게 할 용기가 될 것이라고 생각했다. 또한 함께 근무한 나의 부하이자 전우였던 지금의 친구와 동생들의 응원과 찬성으로 힘을 얻었다. 굳이 공부에 국한된 이야기가 아니더라도 꾸준히 노력하는 사람이 지치지 않도록 하는 데 도움이 될 것이라는 것이다.

그래서 용기를 내어 예전의 기록을 모아 쓴 것이니 독자들께서 위로가 되고, 동기부여가 되고, 희망이 되는 단 한 줄의 문장이라도 이 책에서 발견하셨으면 좋겠다.

물론 모든 사람이 나와 같은 효과가 나오지 않는다는 것은 당연하다. 사람마다 다 맞는 방법이 있다 보니 누구는 훨씬 좋은 효과를 낳기도 하지만 그렇지 않은 경우도 분명 있을 것이다. 그렇지만 공부하기로 결심한 자신과 비슷한 처지의 경험에서 나온 팁이라 생각하면 어느 정도는 도움 되는 방법들을 찾을 수 있을 것이다.

고등학생인데도 혹시 특별한 진로를 찾지 못했다면 수능 점수부터 올려두는 것은 어떨까? 그래야 시험을 치고 난 다음에 최선을 다한 보람을 느낄 수 있고, 공부가 진짜 본인과 맞는지 안 맞는지, 시간을 더 투자하면 더 좋은 점수를 기대할 수 있는지 등을 깨달아 보다 확신을 가지고 다시 뭔가를 계획할 수 있지 않을까? 크게 수능에 신경 쓰지 않고 살아가다가 시험을 치고 난 다음에서야 정말 적성에 맞는 대학과 학과를 찾았는데, 성적 향상을 도외시한 바람에 못 들어가게 되면 그건 또 얼마나 억울할까? 재수한다고? 나중에 이야기하겠지만 재수가 능사도 아니고, 재수를 할 수 있는 형편이 안 되는 사람도 많다.

가장 애매한 것은, 이것도 저것도 안 해봤기 때문에 자신이 무엇을 잘하는지 모르는 것이 아닐까? 정말 1년간 다 쥐어짜서 공부를 했는데 시험 때 공부에 전혀 능력이 없다는 것을 발견했다면 인정한다. 하지만 몇 개월, 하루, 서너 시간 자면서 공부했는데 성적에 별 변화가 없기 때문에 그만둔다는 것은 제대로 시도하거나 노력해본 적도 없는 것과 마찬가지다. 이것은 포기할 자격이 없는 상태다.

　포기라는 판단은 최선을 다한 다음에야 가능한 것이라고 생각한다. 무언가를 그만두는 결단도 아무나 하는 것이 아니다.

　일단 이 책을 잡았다면 수능 시험장에 앉아서 마지막 종소리를 듣는 그 순간까지는 끝까지 힘을 내어보자. 단순히 끝까지 포기하지 않는 그것만으로도 충분한 가치가 있을 것이다.

"한계까지 가보면 분명해진다."
- 니콜라스 펀 -

CONTENTS

PART

01

평범한
사람들끼리

"

——————————

"절대 어제를 후회하지 마라."
- 론 허바드 -

——————————
"

수능 1년 전, 5등급 성적표를 받았다.

내 성장 과정이나 성적은 대한민국 표준에 가깝다. 평범했기 때문에 나의 이야기는 여러 사람들에게 적용되는 이야기일 수 있다. 혹시 '이 녀석 나랑 너무 다르네.' 싶으면 과감히 이 책을 덮어도 좋다. 반면에 '공부했던 경험이 나랑 비슷한데?' 싶으면 깊이 참고해도 좋을 것이다.

내 입으로 말하기는 민망하지만 초등학교 때만 하더라도 난 공부를 잘했다. 나도 그렇고 부모님도 그렇다고 믿었다. 반에서는 5등 안에 들었고, 전교에서는 10등 안에 꼭 들었다. 실토하자면 한 학년에 반이 총 두 개였고 한 학년의 전체 학생이 서른 명 남짓인가 그랬기 때문에 가능한 등수였다. 뭐 그렇게 작은 학교를 졸업했냐 하시는 분이 있을 수도 있어서 말씀드리는데, 당시 진주시에서 아마 가장 작은 학교였을 것이고, 지금은 문을 닫았다. 작은 학교이다 보니 그저 그런 실력임에도 우등생처럼 보일 수 있었다.

학습지나 학원 등의 교육도 내 친구들에 비하면 몹시 제한적이었다. 왜냐하면 IMF 파장으로 통학 거리가 한 시간이 넘는 작은 시골로 이사 가게 되었기 때문이다. 그 거리는 학원을 가기에도 애매했고, 학습지 선생님이 찾아오기에도 쉽지 않았다. 다만 부모님이 내 교육에 관심이 많으셔서 그 바쁜 맞벌이 중에서도 몇 쪽부터 몇 쪽까지 문제집을 풀어두라고 숙제를 내주시고는 했다. 물론 그것은 해답지를 보면 오 분 만에 작성이 가능했다. 만약 그때 부모님께서 시키신 대로 잘 따랐다면 중학교 가서도 초등학교 때 정도의 등수를 유지할 수 있었을 지도….

중학교는 전체 14반 정도가 있었고, 한 반은 약 삼사십 명이었던 것 같다. 그때 나는 성심성의껏 부모님의 깊은 뜻을 잘 따르는 아이는 아니었다.

중학생이 되면서 리니지, 스타크래프트, 워크래프트, 뮤, 레드문, 디아블로 등 온라인 게임이 유행하기 시작했다. 거기다 부모님은 내가 초등학교 6학년 때부터 치킨 체인점을 시작하셨다. 이렇다 보니 낮에는 게임에, 밤에는 스쿠터를 타는 데 푹 빠졌었다. 게임도 스쿠터도 얼마나 재밌던지….

한 시간 거리를 통학하면서도 등교 시간 직전까지 PC방에 들러 내 캐릭터의 레벨을 올렸고, 밤에는 가까운 곳을 배달 다니며 공부도 안 하면서 학업의 스트레스를 푼다는 핑계로 스쿠터를 타고 바람을 쐬러 다녔다. 그렇다고 대단한 일탈을 할 수 있는 강심장은 아니라서 학교는 비교적 잘 다녔다.

수업 때는 교과서에 게임 캐릭터를 그리며 '무슨 아이템 나왔으면 좋겠다…' 하는 생각 반, '오늘 밤에는 어디를 달려볼까?' 하는 생각 반으로 시간을 보냈다. 물론 성적은 부모님께서 포기하고 싶을 정도로 떨어졌지만, 나름 시험 기간에는 벼락치기도 해서 아예 포기할 정도는 아니었다. 중하위권이지만 그럭저럭 인문계 고등학교에 진학할 수준이었다는 이야기다.

별다른 특기나 진로에 대한 확신이 없었기에 공부를 놓을 수는 없고, 또 제대로 공부하기에는 잘할 자신도 의지도 없었다.

결국 진로를 찾거나 결단할 용기가 없어 많은 학생들이 공부하고 있는 현실을 함께 걷지만 꼴에 자존심은 있어서 '내가 진짜로 공부하면 언제든지 성적은 올릴 수 있어.' 하는 근거 없는 자신감으로 가득 차 있었다. 그야말로 진심으로 공부에 발을 담가본 적이 없는 어중이 떠중이였다. 심지어 중학교 때는 스스로 뭐라도 된 것 마냥 서울대, 연세대, 고려대쯤은 조금만 공부하면 당연히 들어갈 수 있다고 생각했다.

고등학교에 진학하고 나서야 내가 공부로 무언가를 할 사람은 아니라는 판단이 들었다. 중학교 때 우습게 보았던 학교들은 나 같은 돌머리 따위는 감히 입에도 못 담을 '넘사벽'이었던 것이다. 게다가 점차 취업이 어려워지는 상황 속에서 대학교를 진학한다고 해도 그 뒤의 길이 딱히 보이지 않았다. 빨리 아르바이트를 하든 직업을 가지든 해야겠다고 생각했다. 부모님들의 싸움으로 집안이 점점 더 기울어지는 것을 알게 되자 조급하게 생각했던 것 같다.

당시 내 짧은 생각으로는 각종 자율 학습 시간에서 열외하여 자유 시간을 많이 가지는 것이 유일한 방법 같았다. 그때 아르바이트를 해 세상을 경험하면서 직업을 찾는 것이 어떨까 싶었다. 유치원 때 어머니가 미술 학원을 하셨는데 이를 잘 포장해서 핑계를 대며 무작정 미술을 할 거라고 선생님께 말씀드리고는 예체능계 학생으로서 자율 학습의 열외 권한을 받았다. 하지만 그 시간은 뭔가 생산적인 기술의 습득 시간이 되지는 못했다. 원동기 면허를 딴답시고 합법적으로 바이크를 타고 논다던가, 게임을 하고 판타지 소설과 만화책을 보는 것으로 시간을 보냈다. 사실 미술을 해봐야 그 비싼 등록금을 감당할 수 없을 것이라는 나름의 핑계가 있었던 탓도 크다.

고등학교 2학년이 되자 어지간히 깐깐한 담임선생님을 만났다. 학원을 다니고 있다는 증명서를 끊어오지 않으면 자율 학습 열외가 불가능하다는 것이다. 아니면 학교 미술실에서 실기를 연습하라고 한다. 도망칠 핑계가 없어진 나는 애매한 말로 둘러댔지만 미술 특기생이라는 신분에서 다시 일반 학생의 생활로 복귀할 수밖에 없었다. 만약 정말로 내가 하고 싶은 것이 있었다면 장학금 제도를 활용하든지, 과외를 하든지 하면서 꿈과 일을 병행할 수 있는 다양한 방법이 많았을 것이다. 하지만 가지고 싶은 직장이나 하고 싶은 꿈이 없었고, 찾아보지도 않았다. 게다가 다른 학생들과는 다르게 특별해 보이고 싶어 하는 허세도 한몫했다.

결국 스스로를 객관적으로 보면서 미래를 진지하게 고민해본 적이 한 번도 없었던 것이다. 뭐라도 되겠지 하는 마음 반, 잠깐 고민하다가 '아, 모르겠다!' 하는 마음 반이었다.

예체능 학생에서 문과 고등학생으로 복귀한 후 성적은 당연히 엉망진창이었다. 당시 2학년 학기 초반에는 대체로 진로 상담을 했는데, 나는 예체능에 있다 보니 조금 늦게 별도로 상담을 받게 되었다. 결국 2학년 여름 모의고사 성적을 가지고 처음 진로 상담을 받게 되었을 때, 그때 선생님께서 내게 진지하게 권한 진로는 중량물 운송업이었다. 애매하게 공부하면서 등록금 낭비하지 말고 지금부터 꾸준히 저축하고 성실하게 생활하다가 대출받아 자가 트럭을 구입하면 자수성가할 수 있다는 것이다. 선생님께서는, 본인 친구도 그런 분이 계신데 당신보다 경제적으로 더 윤택한 삶을 살고 있다며 공부에 의사가 없으면 빨리 그만두는 것도 하나의 방법이라고 하셨다. 하지만 나는 진로를 과감하게 선택할 용기가 없었다.

'지금 선택했는데 나중에 내 길이 아니면? 최소한 고등학교 마칠 때까지는 진로를 고민해볼 시간을 줘야하지 않을까? 그래, 수능이라도 쳐보고 선택하면 되지. 1~2년 늦게 선택한다고 그렇게 큰 문제가 될 것은 아닐 거야.'

결국 대단한 한 수를 놓는 결심은 할 수 없었지만 조금 더 침착하게 진로를 고민하기로 했다. 만약 그때 자퇴해서 빨리 취업을 했다면 저축한 금액은 지금보다 나았을지 몰라도 아직 접근해보지 않은 여러 가지 미래와 진로 때문에 인생의 만족도는 훨씬 덜했을 것이다.

당시에도 고등학생은 전국 모의고사 시험을 1년에 두세 번 쳤다. 성적을 잘 신경 쓰지 않아서 몰랐을 뿐, 신경을 쓰며 알고 보니 꽤나 충격적인 수준이었다.

400점 만점에 200점 정도?

반에서 아주 공부는 포기하고 논다는 녀석, 그런 녀석을 보며 사실은 마음속으로 그래도 내가 너보다는 잘한다고 생각했는데, 알고 보니 그런 녀석과 비슷한 성적이었던 것이었다. 나는 그래도 초등학교 때나 중학교 때 나름 조금 공부하면 성적이 나오는, 뭔가 다른 사람이라고 생각했는데 아니었다.

현실의 나는, 공부를 하지 않아서 성적이 좋지도 않고, 머리가 좋다거나 근성이 있어서 무언가를 이루어내는 사람은 전혀 아니었던 것이다. 그때 충격을 받고 정말 제대로 공부를 해보기로 마음먹었다.

어차피 예체능을 그만두고 나서 다른 할 것도 특별히 없었다. 공부는 물론 잘 안 되었다. 큰 마음먹고 구매한 수학의 정석은 행렬까지 풀다 말았고, 영어 문제집은 학교에서 사용하는 교재 몇 권을 풀다 말았다. 그래도 공부를 하고 있다는 마음으로 스스로를 달래면서 보내는 중에 어느덧 학교 가로수의 초록 잎은 갈색이 되어있었다.

점점 급해지는 마음에 온라인 게임도, 만화책도, 바이크도 모두 딱 끊었다. '그래 이제 진짜로 공부뿐이야.'라고 생각하며 아침에 일어나서 닥치는 대로 문제집을 풀었다. 내가 너무 늦었다는 생각에 더 열심히 했다. 새벽 두 시까지 공부했고, 적어도 새벽 다섯 시에서 여섯 시 사이에는 일어나서 씻고 다시 공부했다. 많이 자야 세 시간에서 다섯 시간.

어떤 문제집이나 교과서든 그때그때 급한 것들을 무작정 머릿속에 집어넣었다. 그래서일까? 항상 지쳐있고 민감할 뿐만 아니라 머릿속에 안개가 낀 것처럼 뿌옇고 멍했다. 제대로 공부가 되고 있다는 확신은 없었지만 어떻게 할지 방법이 없었으니 잠을 줄이고 아무 과목이든 문제를 많이 푸는 수밖에 없었다.

어머니 친척 중에 공부 잘하는 사람은 하루 세 시간을 넘게 자면 그날은 이미 틀린 것이라고 말했다고 한다. 잠을 깨기 위해 눈 밑에 치약을 바르고 허벅지를 꼬집었단다. 그래서 나도 '그렇게 못할 것이

뭐람?' 하면서 무조건 잠을 줄이는데 집중했다.

하루는 코피가 터졌다. 잠을 못 자서 나는 코피는 코 안 상처 때문에 터지는 코피와는 전혀 다르다. 훨씬 뜨겁고, 많은 양이 쏟아져 나온다. 잘 멎지도 않는다. 그래도 뿌듯했다. 잠들기 전 새벽 두 시가 되는 시계를 보면서, 또 터지는 코피를 보면서 '봐, 나 이렇게 공부 열심히 했다.' 하며 스스로 뿌듯하게 생각했다. 그렇게 두세 달쯤 힘들게 버텨냈다.

그렇게 맞이한 고등학교 2학년 마지막 전국 수학능력평가 모의고사. 대단한 향상이나 변화가 있었을까? 210점이었나? 5등급. 진짜 열심히 공부했다. 머리털 나고 이렇게 무언가를 열중해서 해보기는 처음이었다. 꽤나 공부하고 본 시험이었지만 처참했다. 전에 친 모의고사가 한 200점쯤이었는데 몇 달을 공부했는데도 210점이라고? 대학 목록표를 아무리 살펴봐도 서울은커녕 어지간한 공립 대학교도 무리였다. 수개월간 흘린 내 코피의 가치는 어디로 갔고, 매일 수면 부족에 고생하던 내 수고는 다 무엇이었던가?

담임선생님이 들어왔다.

"모의고사 점수 다들 확인했을 텐데⋯."

확인했다. 생각보다 많이 안 올랐을 뿐. 몇 개월을 투자했는데 이제야 고작 십 점 오르는 것인가? 나는 희망이 있는 것인가? 앞으로 계속하면 삼 개월에 십 점씩, 250점으로 수능을 마무리하는 것인가? 지금보다는 높긴 하지만 이렇게까지 해서 이룰 가치가 있는 성적인가? 아, 어디선가 성적은 계단식으로 오른다고 했지. 그러면 갑자기 올라서 300점대는 가능한가? 최소 3등급은 할 수 있을까 하는 생각들이 스쳐갔다.

"그게 수능 등급이다. 1등급 이상은 안 바뀐다. 아직 1년 남았다고 생각하는 건 아니지?"

정확히 그렇게 생각하고 있었다.

'아직 1년 남았는데 왜 이게 결정된 것처럼 이야기하지? 더 열심히 하면 되잖아. 하루 두 시간씩 자면 되는 거 아닌가?'

"전국 수능생 총원에게 똑같이 1년이 남았다. 지금부터 열심히 안 할 사람이 누가 있나? 이제는 최선을 다해야 현상유지다. 게다가 모의고사에는 포함되지 않은 재수, 삼수생들도 있다."

그리고 선생님은 이 등급을 토대로 원하는 희망 대학에 대해 상담한다고 하셨다.

자율 학습을 마치면 저녁 8시가 다 된다. 이제 해가 짧다. 저녁 8시면 깜깜하다. 곧 3학년이 되면 저녁 10시까지 학교에 남아 자율 학습을 한다. 버스를 타고 어두컴컴한 창을 통해 내 얼굴이 반사되어 보였다. 이날, 진심으로 나에게 실망했다.

'정말 열심히 노력했는데, 잠도 안 자고 했는데 왜 안 되지? 난 정말 그냥 머리가 나쁜 건가? 다른 녀석들처럼 종합반을 몇 년간 다녀

야 하는 건가? 내게는 학원이나 고액 과외와 같은 투자가 없기 때문에 안 되는 것인가?'

"가끔씩 50~60점씩 점수가 오르는 녀석들도 있지만, 그건 1학년 때부터 꾸준히 공부해온 것이다. 그게 이제야 성과가 나는 것이다."

담임선생님의 말이 계속 귀를 맴돌았다. 그만둘까 하는 생각도 많이 했다. 그런데 그만두면 지금의 등급에서도 훨씬 밀려난다는 말이 또 무서웠다. 그래도 이 등급이라도 유지해야 하지 않는가. 갑자기 후회가 밀려왔다. 왜 게임을 했을까. 왜 놀기만 했을까. 왜 허세 부림에 시간을 투자했을까.

딱히 잘 놀았는가 하면 그렇지도 않았다. 그 많은 시간을 빈둥거리면서 보냈지만 특별히 남는 추억 같은 것도 없었다. 아무 방법이 없었던 나는 다시 그냥 코피 흘리면서 계속 학교에서 내 준 문제집을 풀면서 보냈다.

이때 들기 시작한 생각이, 어차피 이렇게 똑같이 공부해봐야 크게 성적이 향상될 리 없다는 확신이 들었다. 그리고 내가 공부를 얼마나, 어떻게 하고 있는지, 무엇부터 해야 하는지 고민이 시작 되었다.

좀 더 시간이 지나 교복 위에 코트를 걸쳐 입기 시작한 어느 날, 해군사관학교에서 '생도'라는 존재가 우리 고등학교로 홍보를 왔다며 관심 있는 사람은 모이라고 했다.

"뭔데 그게?"

잘은 모르지만 그 생도는 담임선생님의 제자였다. 공부를 잘해서 종종 문제 풀이를 물어보았던 친구 녀석도 구경하러 간다고 해서 따라가게 되었다. 얼굴은 잘 기억나지 않지만 머리가 짧고, 얼굴이 검게 그을려 있었으며 좀 말라 보였다. 굳이 말하자면 잘생긴 건 아니었다. 하지만 그가 입은 까만 정복의 손목 부분에는 금술의 화려한 장식이 있었으며 단추 역시 금색이었고, 그 위에는 권위 있는 문양이 새겨져 있었다. 그 모습은 내가 지금까지 보았던 어떤 사람보다 멋있는 복장이었다. 더 화려한 옷도 많이 있지만 단순한 멋이 아닌 국가로부터 인정받은 특별한 신분과 같은 고고한 품위가 느껴졌다. 마치 게임에서나 볼 수 있었던 제국군 기사, 왕국 귀족 이런 느낌이었다. 그보다 충격적인 것은 그가 한 말이었다.

"등록금 전액 무료이며, 숙식을 제공하는 것은 물론 졸업 후 4년제 학위에 무조건 취직. 품위 유지비의 명목으로 일종의 용돈도 제공한다."

저거였다. 내가 집안에 부담을 안 주는 것은 물론이고 어쩌면 도움을 줄 수 있을지도? 한 일주일이나 가족들과 이야기를 나누었을까?

내가 알게 된 것은 진짜로 저런 학교가 존재한다는 사실과 평판도 꽤 좋은 곳이지만 내 성적으로는 어림도 없다는 것이었다. 이과생인 경우에는 가끔 수능 2등급에도 합격이 가능하지만 문과생은 반드시 1등급, 1등급 중에서도 어느 정도 들어야 한다고 한다.

아! 왜 나는 문과였을까 싶었다. 하지만 저거 아니면 딱히 당기는 곳이 없다. 목표가 상당히 높긴 한데 저 목표라면 만약에 중도 탈락하더라도 지금보다야 낮지 않을까?

그때가 고등학교 2학년 겨울. 전국 수학능력평가 모의고사를 보고 약 2개월쯤 지났을 때였다. 홍보가 끝나고 당장 사관학교 입시에 대해서 검색하기 시작했다.

시험은 총 세 단계로 나누어져 있었다. 국어, 영어, 수학 능력을 평가하는 1차 시험, 체력검정과 면접의 2차 시험, 마지막은 수학능력평가, 즉 수능.

내 현재 공부의 목표가 3학년 11월 수학능력평가라 생각했던 내 생각은 굉장히 안일했다. 당장 여름에 가장 자신 없는 수학을 포함한 1차 시험이 계획되어 있었다. 시간이 없었다. 왜 공부를 안 했는지, 왜 미술 특기생이라는 핑계로 헛된 시간을 보냈는지, 왜 잠을 줄여가며 온라인 게임에 몰두했는지 후회하는 그 순간에도 시험 일자는 다가오고 있었다. 자책하는 시간 그 자체가 아까운 순간이었다.

뭐부터 공부를 해야 할지 고민하다가 문득 깨달았다. 나는 과목별 성적과 등급은 알고 있었지만 어떤 유형의 문제에서 틀리고 있으며, 사관학교에 가기 위해서는 무엇부터 공부를 해야 할지 생각해본 적이 한 번도 없었다. 이제 막 내 마음속에 자리 잡기 시작한 사관학교와 같은 목표 자체가 없었다. 내 현재의 상태와 목표, 그리고 이것을 이어줄 구체적이고 전략적인 사고를 단 한 번도 한 적 없이 마냥 덜 자고, 아무 문제집을 붙잡고 밤을 새며 스스로 열심히 하고 있다고 위로하고 있었던 것이다. 공부를 하고 있긴 하지만 수능을 효율적으로 공략하는 방법과는 좀 동떨어져 있었다. 오히려 자기 마음이 편하기 위해 몸을 혹사시키는 어찌 보면 비겁한 모습이었다.

여기까지가 그 당시의 내 상황 소개이다. 지극히 평범한 학생들의 성장 흐름이었던 것 같다. 다만 좀 달라졌다면 해군사관학교라는 목표가 생긴 것이다. 그러다 보니 좀 더 촉박해졌다. 사관학교 입시를 위한 국어, 영어, 수학의 1차 시험 평가까지는 약 7개월, 수능까지는 딱 11개월 정도 남은 상태였다.

그때부터 나는 현재의 모의고사 성적표로 내 객관적인 위치를 확인하기 시작했고, 무엇부터 해야 할지 고민하기 시작했다.

혹시 나와 비슷한 등급에 성적 향상이 목표인 사람이 있다면 꼭 참고해서 좋은 경험담으로 활용되고, 더 열중할 수 있는 동기가 부여되었으면 좋겠다. 혹시나 성적이 좋지 못한 상태에서 지금까지 안일하게 시간을 보냈다면 후회하지 말고 미래를 위해 행동하자. 나중에 돌아보면 후회했던 시간을 후회하게 될지도 모른다.

"문제점을 찾지 말고 해결책을 찾아라."
- 헨리포드 -

PART

02

동기부여

"오랫동안 꿈을 그리는 사람은 그 꿈을 닮아간다."
- 앙드레 말로 -

변화를 꿈꾼다면

지금의 내 형편이 마음에 들지 않아서 변화를 꿈꾼다고 하자.

성적도 올랐으면 좋겠고, 휴대폰도 최신식으로 바꾸었으면 좋겠고, 용돈도 더 많았으면 좋겠다. 컴퓨터도 최신 사양이었으면 좋겠고 게임에서 티어˚도 지금보다 높았으면 좋겠다. 내가 좋아하는 그 사람도 나를 좋아했으면 좋겠고, 타는 자전거도 카본으로 만들어진 비싼 모델이었으면 좋겠다. 원하는 것은 끝없이 존재하고, 계속 내가 원하는 방향으로 모든 것이 바뀌었으면 좋겠다.

당신과 나뿐만 아니라 모든 사람은 항상 변화를 꿈꾼다. 더 행복하고 멋진 미래의 모습으로 되기를 꿈꾼다. 하지만 사실 우리가 변화시킬 수 있는 것은 없다. 그러한 변화는 상상 속에서만 가능하고, 혹

• 단계나 등급 같은 것.

시 발생한다고 하더라도 다른 작용에 의한 것일 뿐 나의 희망과 소원의 대가라고 할 수는 없다.

그러면 환경과 사물이 아닌 사람은 변화시킬 수 있을까? 주변 사람을 어떻게 바꿀 수 있을까?

없다. 최면술사라고 해도 그렇게는 하지 못할 것이다. 당장 옆 친구들을 보고 부모님을 봐라. 아무리 '이러셨으면 좋겠는데…' 해도 사람은 변하지 않는다.

주변 환경은 또 어떻게 바꿀 수 있을까?

당연히 바꿀 수 없다. 무언가 초능력이 있지 않는 이상 아무리 간절하게 물 떠놓고 달을 보고 빈다고 해도 내가 아무것도 하지 않았는데 내 컴퓨터 사양이 좋아진다거나 집안 사정이 나아지지는 경우는 없다.

다만 간절히 꿈꾸는 나의 의지로 변화시킬 수 있는 것이 딱 하나 있다.

그 단 한 가지는 바로 나 자신이다.

게임도 하고 놀기 좋아하던 나를 공부나 전공 분야에 집중하는 나로 바꿀 수 있다는 말이다. 내가 원하는 변화는 여기에서 시작된다고 할 수 있다.

게으른 나에서 열심히 일하는 나로, 마음으로만 소원을 빌었던 나에서 하나하나 실천하는 나로, 꿈꾸던 모든 변화는 여기에서부터 시작된다.

꾸준한 스펙의 관리로 좋은 능력을 갖출 수도 있고, 그 능력을 기반으로 좋은 직장을 가지게 되어 적성에 맞게 즐겁게 살 수도 있을 것이다. 보수를 받아서 원하던 컴퓨터를 살 수도 있고, 주머니 사정이 더 나아질 수도 있으며 시간적인 여유를 확보해서 게임을 더 해서 높은 티어를 만들 수도 있을 것이다.

결국 꿈꾸는 방향으로의 모든 변화의 시작은 나의 변화에서부터 시작된다.

하지만 이것도 엄청나게 힘들다. 그래서 우리 선조들은 작심삼일이라는 유명한 사자성어를 만드셨다. 사람이라면 누구나 현재의 습관을 변화시킬 때 저항에 부딪힐 수밖에 없다. 그래서 약간의 방법들이 필요하다. 자꾸 스스로를 자극하는 무언가를 두어서 스스로를 나름 세뇌시키는 것이다. 현재의 나보다 더 동경하는 미래의 나를 만들어서 계속해서 행동할 수 있는 동기를 만드는 것이다.

해군사관학교를 꿈꿨던 나는 무엇을 할 수 있었을까?

홍보 책자 책상에 붙이기

1장에서 이야기한 것과 같이 내가 정말로 제대로 수능 준비를 해보자고 마음을 먹게 된 것은 2학년 진로 상담이 끝난 가을쯤이었지만, 실제로 정확한 계획을 고민하고 행동을 시작한 것은 사관학교라는 존재를 알게 되면서였다. 그전까지는 뭔가 해야 하는데 뭘 해야 할지 몰라서 그냥 잠을 안 잔 것이다.

목표나 동기가 없다는 것은 출발선에는 들어갔지만 아직 결승점이 어디인지 모르는 것이랑 똑같다. 그런 노력은 노력이 아니라 군대식 표현으로 '삽질'이라고 한다. 행동하지 않고 기도하는 것과 똑같은 행동이다. 어쨌든 나를 움직이게 한 강력한 자극은 해군사관학교였고, 그래서 해군사관학교에서 홍보 온 생도가, 그러니까 지금은 선배님이 된 그분이 나누어 준 홍보 책자도 소중하게 받았다.

처음에는 그걸 흘낏흘낏 보다가, 며칠 뒤에는 해군사관학교 마크와 홍보 모델인 생도의 사진이 크게 그려져 있는 책자의 앞표지를 오려서 책상 위에다가 코팅해버렸다. 처음에는 공부하다가 지치고 결심이 흔들릴 때마다 보려고 책상 서랍에 넣어두었던 것이었다. 하지만 굳이 책상에 붙인 것은 매 시간 그만두고 싶은 유혹이 잦았기 때문이다.

문제집을 펼칠 때, 한 문제를 풀 때, 안 풀려서 해설지를 펼칠 때, 내가 하는 노력에 자신이 없을 때, 공부만 했더니 살이 찌고 배가 나온 것이 느껴졌을 때, 그럴 때마다 마음이 흔들려서 그만두고 싶은데 매번 언제 꺼내서 보겠나? 그냥 책상에 붙여버리면 등교하면서, 쉬는 시간 후 돌아오면서, 내 책상이 보일 때마다 조금씩 각오가 선다. 앞아서 계속 볼 때는 물론이고, 자리를 벗어날 때 정복을 입은 생도들이 경고를 해준다고나 할까?

"너 그래서 우리 후배가 될 수 있겠어?"

"몸매 신경 쓰지 마. 여기 오면 다 알아서 관리해준다." 등등. 그리고 이것은 마음을 다잡아주는 것은 물론이고, 그 이상의 실질적인 효과가 있었다.

일단 선생님들이 좀 잘 봐주신다.

"오, 그 학교 가려고? 네가 공부를 했던가?" 라든가, 시험을 치고 모르는 걸 여쭤보려고 가도 확실히 잘 기억해주신다. 그것도 공부를 열심히 하려고 노력하는 학생으로서.

1, 2학년 때는 선생님들을 그렇게 좋아하지 않았다. 마주치면 잔소리만 하고, 학생의 마음은 하나도 모르는 그냥 월급 받는 직장인으로 생각했다.

입장 바꾸어 생각하면 선생님이라고 어떻게 언제나 학생에게 친절하고 기분 좋게 대하겠는가? 그래도 열심히 하려는 의지가 보이는 학생에게는 조금이라도 더 알려주시려고 노력한다.

나의 이러한 행동을 통해서 상당히 관계 회복을 할 수 있었다. 그러면 진심으로 응원해 주시는데, 이때 받는 느낌이란 선생과 학생이 아니라 사람과 사람의 관계에서 오는 끈끈한 정이 느껴진다.

이런 보이지 않는 응원이 우선 마음에 큰 힘이 된다. 뿐만 아니라 실제로 문제 풀이 등을 지도받을 때 도움이 된다. 다른 과목도 그렇지만 공부를 시작한 지 오래되지 않았다면 수학이나 물리 부분 등에 상당히 질문할 일이 많을 것이다. 이런 경우 예전에는 딱 그 문제만 풀 수 있을 정도로 '대충' 봐주셨는데, 열심히 하는 학생으로 보이고 나면 이야기가 달라진다.

솔직히 학교 선생님이라도 반드시 그 과목에 만점을 받을 수 있지는 않기 때문에 한 번에 못 푸시는 문제가 간간이 나온다. 예전에는 이럴 때 대충 해설지 정도의 수준으로 넘어가셨다면 이제는 따로 적어 가셔서 어떻게든 완벽한 해설을 만들어서 다시 알려주신다. 특히 내가 무엇 때문에 헷갈렸는지까지 고민하시면서 내 맞춤형 해설을 내놓으신다. **먼저 진심으로 다가가야 상대도 진심으로 응대해준다.**

둘째는 학생들끼리 특히, 어린 남자 고등학생들이 자주 가지는 애매한 기 싸움, 즉 허세 대결이 확 줄어든다. 내가 굳이 입으로 소문내지 않더라도 친구들이 나에 대해서 '쟤는 여름에 사관학교 1차 시험 있어서 민감해.' 라든가, 쟤는 '공부하는 아이'로 분류가 되어 시비 건수를 확실하게 줄여준다. 다른 학생들에게 홍보 책자가 붙어있는 책상은 시각적인 효과를 통하여 '나는 너와의 싸움, 대화 주제, 각종 오락 활동 따위에 전혀 관심 없고 바쁘게 공부하고 있으니 날 건드리지 말라.'라는 무언의 표현이 되는 것이다.

나름 철이 들었다고 하지만 그래도 이 나이 때는 그렇게 성숙한 레벨은 아니다. 게다가 혈기 왕성한 학생들이 온종일 앉아서 공부만 하니 스트레스는 극대화 되어있고, 미래에 대한 고민, 노력에 비해서 오르지 않는 성적 등은 많은 갈등을 만들 수 있다. 사소한 것 하나하나로 화가 치밀 수도 있다. 더 중요한 것은 그러한 분노나 답답함, 스트레스를 잘 다루지 못해 싸우고 다투는 친구들도 많다. 문제는 그런 이유로 한번 갈등이 발생하면 상처를 준 사람이나 상처 입은 사람이나 정신적인 피로가 상당하다는 것이다.

갈등 상황 그 직전까지 상호 눈치를 보는 것, 진짜 갈등의 발생, 풀거나 꽁해 있거나 하는 그 정신력 소모는 정말 이 시점에 하등 불필요하다. 하지만 내가 공부에만 집중하는 것을 어필함으로서 이 모든 것에서 상당한 면제권을 가질 수 있고 그렇게 지킨 정신력을 오롯이 내 공부에 쏟을 수 있다.

셋째로는 **망상을 좀 다른 방향으로 할 수 있다.** 아무리 공부를 한다 해도 다른 생각, 상상은 당연히 하게 된다. 멍 때리면서 뇌를 쉬게 하는 것은 상당히 효과적인 회복 방법이다. 그런데 이 홍보 책자를 책상에 붙이게 되면 쉬면서 하는 망상조차도 내 꿈에 도움이 되는, 마음을 잡아주는 것으로 바뀐다. 예전에는 무슨 게임을 할까, 초능력이 생긴다면 무엇을 할까, 무얼 먹을까 하는 정말 아무 쓸모없는 생각이 대다수였다. 아니면 걱정이다. 뭘 할까, 대학가도 취업이 안 된다는데…, 성적은 왜 안 오르지 등등. 이런 생각들은 수능이 1년 남은 학생에게는 목표를 갈고 닦는 데에는 도움이 안 되는 생각들이다.

하지만 이러한 비생산적이었던 망상의 시간조차 마음을 다듬는데 도움이 되는 방향으로 바뀐다는 것이다. 예를 들면 짝사랑하는 누구에게 저 화려한 해군사관학교의 정복을 입고 고백해야지, 부모님을 사관학교에 초빙해야지 등으로 말이다.

이것은 새로운 동기 부여가 되어 지칠 때 멍하니 상상하는 마음의 피난처마저도 다시 힘을 낼 수 있는 에너지로 바뀌게 하여 망상이 아닌 희망의 꿈을 품도록 해준다. 생산적이든 비생산적이든 멍 때리는 동안의 상상도 목표를 위한 꿈을 꾸는 것이 보다 가치가 있다.

지칠 때 행복한 입학 후 생활 그리기

아주 유명한 말이 있다.

"생생하게 생각하고 상상하면 그것이 현실로 이루어진다."라는 것이다. 일단 이 문장으로만 보면 사실 틀린 말이라고 생각한다. 마법사인가? 그러면 매일 복권 당첨되는 생생한 생각을 하면 언젠가 나는 당첨이 되나?

이 말을 하신 분이 정확히 어떠한 의도에서 이야기하신 것인지는 모르지만 엄밀하게 말하면 이는 사실이 아니다. 이 말을 '문자 그대로' 풀이하자면 당신은 수능을 잘 보기 위해서 공부를 할 필요는 없고 만점 받는 생각만 하면 된다는 말 같다.

하지만 나는 이 문장이 가진 또 다른 힘을 믿는다. 저 '생생한 생각과 상상'은 다음과 같이 두 가지 역할을 가능하게 해주기 때문이다. 세상을 나의 생각대로는 바꿀 수 없지만 세상을 바꿀 수 있는 힘을 가진 나로 변화시키는데 일조할 수 있는 의지를 유지시켜 준다.

첫째, 지쳐도 계속해서 노력할 수 있는 힘이 된다.

아무 생각도 할 수 없을 정도로 공부만 하는 것은 내 기준으로는 일단 불가능하고, 그렇게 해서도 안 된다. 구체적인 공부 방법에 대해서는 후술하겠지만, 휴식이 조화되지 않은 수련은 부처님도 견디지 못한다.

목표 없는 달리기는 절대로 지치게 되어있다. 따라서 목표를 정해두고 이에 한발씩 다가갈 수 있는 노력이 필요한데, 이때 관리해야 하는 것이 마음이 지칠 때의 멘탈 관리다.

목표점이 있는 노력과 없는 노력은 전혀 다르다. 대부분 고민의 이유가 그것 아닌가?

앞이 안 보이는 것. 무엇을 해도 결과가 불명확하고, 또 그렇기 때문에 노력할 기운조차도 없는 것.

사실은 대부분의 일들이 그런데, 내 경우에는 생생하게 그릴 수 있는 멋진 제복이 좋은 목표가 되었다. 이 1년만 지나면 다른 사람으로 태어날 수 있다는 것, 만약 안 돼도 최소한 지금보다는 나은 성적을 거둘 수 있을 거라는 희망. 대학을 못 가더라도 내 수능에 대한 재능을 확인할 수 있을 거라는 기대. 이러한 마인드는 '공부해서 대학 가면 취업은 할 수 있을까, 집안에서 등록금은 내어줄 수 있을까' 하는, 나를 더 지치게 만드는 잡념을 제거해 줄 수 있었다.

공부하다 너무 피곤하고 지칠 때 홍보 책자의 사진을 보며 그 제복을 입고 있는 내 자신을 생각하면 다시 힘이 생기곤 했다. 이 힘, 이른바 '멘탈'은 마치 '나'라는 종이컵에 담기는 물과 같다.

수험 전쟁, 이것은 흡사 불구덩이 같다. 매일매일 스트레스의 불길이 수험 준비생을 조여 온다. 뜨겁고 괴롭다. 이럴 때 아무것도 담겨 있지 않은 종이컵은 불타고 만다. 하지만 멘탈의 물이 담겨 있다면? 물만 보글보글 끓을 뿐 나는 무사할 수 있다. 이러한 현상은 과학 실험에서도 많이 봤을 것이다.

물이 증발할 것 같으면 다시 눈을 감고 희망의 멘탈을 채우면 된다. 홍보 책자를 보면서 성적이 향상되어 무사히 해군사관학교로 입교하는 모습을 그리는 것은 피로로 지친 멘탈을 채우는 나만의 의식이었다.

사람마다 멘탈을 관리하는 방법은 다를 것이다. 어떤 사람은 멘토와 대화를 나누기도 하고, 어떤 사람은 종교에 의지할 수도 있다. 하지만 나는 내가 하는 일의 목표를 이룬 것을 시각화한 사진을 보고 멘탈의 연료를 보충할 수 있었다.

크게 어려운 의식도 아니고, 무엇보다도 돈이 들지 않는다.

거대한 산도 꾸준히 오르다 보면 어느새 정상에 다다른다는 것을 누구나 안다. 하지만 잠깐의 유혹에 일단 멈추면 다시 걷기가 무척 힘들어진다. 멈추지 않게 해주는 원동력은 정말로 중요하다.

둘째, 습관의 방향을 목표로 집중시켜준다.

수능을 준비하는 1년이라는 시간은 꽤 길다. 그리고 실제로 집중해서 공부하는 시간을 생각해보면 한두 시간도 어느 정도는 충분히 길다. 무슨 얘기인가 하면 딴짓하기에 충분한 시간이라는 것이다.

"한 시간 집중해서 공부했으니깐 잠깐 PC방 갈까? 벌써 몇 시네? 오늘 기분도 그런데 일찍 자고 내일 아침부터 하지 뭐."

계속적으로 마음을 다 잡아주는 특별한 동기가 없다면 보통은 이런 마음과 행동의 흐름이 유지될 수밖에 없다.

선조들께서 말씀하신 바와 같이 사람이란 뛰면 걷고 싶고, 걸으면 앉고 싶고, 앉으면 눕고 싶어진다. 대부분의 사람은 더 게으르고 편안한 상태를 즐긴다. 그런데 공부란 머릿속으로 하는 중노동과도 같아서 조금 하고 나면 쉬고 싶고, 쉬다 보면 더 재밌는 것을 찾게된다.

또 사람이란 간사해서 자꾸 핑계를 찾게 된다. 한두 시간 공부했으니까 머리도 좀 쉬어야지, 아니면 공부 잘 안되니깐 일찍 쉬고 내일 두 배로 열심히 해야지 하는 생각. 다 똑같이 생각하고 다 똑같이 실수하는 패턴이다.

만약 이러한 패턴에서 온갖 생각이 목표에 가 있으면 어떻게 될까?

"한 시간 집중해서 공부했으니깐 잠깐 PC방 갈까? 벌써 몇 시네? 자기 전에 영어 단어집이라도 한번 볼까?"

이렇게 목표 지향적인 태도로 변화가 오게 된다. 또는 PC방에 가고 싶다가도 PC방에 가면 오랜 시간을 허비하게 된다는 사실을 깨닫고 스트레스를 해소할 수 있는 다른 방법을 찾게 된다.

이렇게 생활 패턴 자체도 목적으로 수렴하게끔 바뀐다. 순간순간 흐트러지려고 할 때마다 내가 했던 행복한 상상들이 나를 제어해주는 것이다.

스트레스를 해소하거나 휴식하는 방법을, 많은 시간을 투자하는 것들에서 최소한의 시간 투자로 충분히 기분 전환할 수 있는 것들로 완전히 바꾸었다. 원래는 온라인 게임과 오토바이 운전을 즐겼다. 둘 다 엄청나게 시간을 투자해야 하고 중독성이 높아서 자꾸 생각이 난다. 조금만 공부해도 '모르겠다. 한판하고 오자.'라는 생각이 들게 만드는 것들이었다.

성공적인 공부를 위해서는 스트레스 관리를 아예 하지 않는 것은 현명한 것 같지 않았다. 대신 스트레스 해소 방법을 바꿀 필요를 느꼈다. 그래서 여러 대안을 모색했다.

첫째는 PC방에서 온라인 게임을 하던 것을 학원 주변에 한두 군데 있는 오락실에서 게임을 하는 것으로 바꾸었다. 하지만 오락실도 학교 주변에는 없어서 필요할 때 짧게 할 수 있는 취미는 되지 못했다. 오락실까지 이동하는 시간을 고려하면 허비되는 시간이 아까웠다. 그래서 거기서 만화책을 읽는 것으로, 마지막에는 만화책과 단편 소설 같은 것을 읽는 것으로 바뀌었다.

만화 같은 경우에는 만화 잡지나 단행본 등으로 바꾸었다. 너무 재미있는데 다음 편이 있으면 결국 다음 편을 찾아서 보게 되어 또 상당한 시간을 투자해야 하기 때문이다.

예를 들어 오늘 어떤 만화책을 한 권 보았는데 너무 재미있었다고 하자. 만약 이 시리즈가 십수 권을 훌쩍 넘는 다음 편들이 이미 출판되어 있다면 그날의 공부는 다 접을 수밖에 없다. 뿐만 아니라 그 시리즈를 완독하고 나면 공부할 수 있는 체력이 바닥날뿐더러 그 여운이 남아 머릿속에서 어느 정도 잊힐 때까지는 공부에 집중하기 어려울 수밖에 없다. 하지만 짧은 만화책, 특히 단편 소설류로 스트레스를 해소하는 것은 긴장 완화를 하면서도 언어 영역 부분에 은근한 도움이 되었는데, 이것은 나중에 국어 공부와 관련해서 추가적으로 설명할 예정이다.

이렇게 하면 결과적으로 글을 빨리 읽고 말하는 의도나 줄거리를 파악하는 능력을 쉬면서 얻을 수 있다. 마치 재밌는 놀이를 하면서 근력이나 지구력을 얻는 것과도 같다.

체력 관리를 해야 할 때도 방법을 바꾸었다. 기존에는 친구들이랑 축구나 농구, 배구, 배드민턴 등을 했다면 꿈을 갖고부터는 사관학교 체력 측정 시스템에 맞춘 운동에만 집중하게 되었다. 물론 구기 종목은 좋다. 사관학교 체력검정 종목에 사용되는 근지구력을 키우는 데에도 좋고, 스트레스를 풀고 비만하지 않게 해 육체적으로나 정신적으로 도움이 된다. 하지만 효과에 비해 시간이 많이 걸린다는 문제점이 있다. 가령, 축구가 달리기 연습에 아무리 좋다고 해도 같은 시간을 투자해 사관학교 체력검정 종목인 1500미터 달리기를 집중적으로 연습하는 것보다 못하다는 것이다.

사관학교 희망자가 체력 관리를 전혀 하지 않을 수는 없다. 평소 몸 관리를 해두어야 할 때는 고민할 것 없이 사관학교 체력검정 종목들을 준비했다. 즉 별도로 하루 삼십 분 정도 시간을 내어 1500미터 달리기를 한다거나 짧은 시간이 날 때마다 팔 굽혀 펴기나 윗몸 일으키기를 하는 식이다.

물론 구기 종목을 하면서 만들어지는 친목 도모의 시간도 좋다. 하지만 단 1년 만에 4개 등급을 향상시켜야 하는 경우에는 좀 더 목적 지향적으로 살아야 한다.

갑자기 달라진 당신의 모습에 '공부만 하지 말고 나가서 한 게임하자, '친구가 없다'는 등의 말로 잔소리하거나 갈구는 친구도 있을 수 있다. 하지만 거기에 일일이 응하다 보면 모이는 시간, 게임하는 시간, 게임 후 뒤풀이까지 적지 않은 시간을 들여야 한다. 혹시라도 게임을 하다 부상이라도 입게 되면 그 여파가 적지 않다. 정말 당신을 위하는 친구라면 홍보 책자까지 책상에 붙여놓은 당신의 노력을 응원해줄 것이다.

내 경우에는 자율 학습이 끝난 열 시가 넘은 밤에 혼자서 운동장을 뛸 때 옆에서 같이 뛰면서 얘기해주거나 점심시간이나 저녁 시간후 자투리 시간에 교실 뒤에서 팔 굽혀 펴기를 할 때 같이 해주는 든든한 친구들이 항상 큰 도움이 되었다. 그리고 상대해주는 친구가 없으면 없는 대로 집중력을 높일 수 있어서 좋았다.

그러니 내 길을 응원해줄 진정한 친구가 아니라면 친구들의 말에크게 좌우되지 않는 것이 좋을 것이다. 사관학교에 입교하면 서로 목숨을 지켜줄 수 있는 친한 친구들이 동기라는 이름으로 백 명이 넘게 기다리고 있다.

"목표란 우리들이 계속 앞으로 나아가도록 해주는 것이다."
- 앤드류 매튜 -

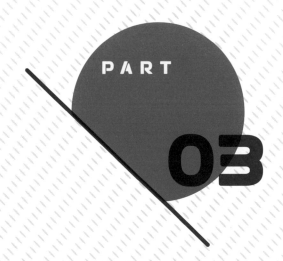

PART

03

일단 들어가자, 뒷생각은 나중에

"승리를 대신할 수 있는 것은 아무것도 없다."

- 나폴레옹 -

혈기 왕성할 시기

고등학생, 재수생, N수생, 아무리 나이가 많아봐야 20대다. 한창 고민이 많을 시기이며 수능 공부라는 것 말고도 여러 다른 욕구도 넘쳐나는 시기다. 인생에서 신체적으로 가장 혈기 왕성할 때이며, 경험이나 쌓은 지식에 비해 가슴은 뜨겁고 순수해 아름다운 추억을 남기기 좋을 시기라고 다들 그렇게 말한다. 인생에 이 시절은 다시 오지 않는다고도 한다.

하지만 냉정하게 생각하면 인생에 모든 시절은 다시 오지 않는 시간이며 어느 시기를 더 집중해야 하고 좀 덜 신경 써도 좋은지는 죽기 전까지 알 수 없는 것이다.

어느 시절에 어떻게 집중할지는 오롯이 우리의 선택이다. 젊은 날을 더 즐겁게 보내기 위해서 유희에 집중하는 사람도 정상이고, 노후를 더 안정적으로 보장받기 위해서 젊은 시절을 희생하고 근검하는 사람도 정상이다. 다만 자신의 방식만 옳다고 주장하며 타인에게 다른 삶을 강요하는 사람은 문제가 있는 사람이다. 나는 무언가를 강요하고 싶은 마음은 전혀 없다.

이 책은 다른 추억을 쌓기보다는 짧은 시간 안에 최대한 높은 성적을 받기 위한 목적을 가졌던 학생의 기록이다. 때로는 무언가를 얻으려면 무언가를 포기해야 할 때도 있다. 고등학교 2학년 2학기 종료 시점부터 수능을 볼 때까지 내게는 해군사관학교 입학이 온전한 목표였고, 그 외의 어떤 것도 그 자리를 채울 수는 없었다. 그랬기 때문에 고등학교 3학년 1년간 공부한 것 말고는 특별한 추억이라는 것이 없다. 하지만 해군사관학교에 입교한 후 4년이 지나니 전 세계 인류 중 오직 160명만 공감할 수 있는 추억을 쌓을 수 있었다. 그리고 지금 그 사실을 전혀 후회하지 않는다.

내가 19세에 얼마나 아름다운 추억을 쌓을 수 있었을지는 모르겠지만 해군과 사관학교로부터 받은 것만큼은 될 수 없다고 확신할 수 있다.

자, 이제 입학에 집중해보자.

입시, 이 경기의 성격을 파악해보자

어떤 기준으로 보느냐에 따라 좀 다르겠지만 인생은 평등하지 않다. 어릴 때는 막연히 생각했다. 내가 어떤 분야에서 잘하면 다른 사람은 또 다른 분야에서 잘해서 균형을 맞춘다고. 돈이 많은 사람은 대신 머리가 나쁘다거나 해서 세상은 공평하고 아름답다고. 어릴 때 보았던 각종 동화나 책에서는 이야기한다. 세상은 평등하고 내가 힘든 만큼 다른 사람들도 힘들다고.

그런데 우리는 더 이상 순진하지 않다. 딱 잘라 말해서 적어도 우리가 체감하는 물리적인 현실에 대해서는 모두가 똑같이 가지고 태어나거나 똑같이 가지는 것은 아니다.

예를 들어보자.

돈 많고 키 크고 잘생긴 데다가 싸움도 잘 하며, 늘 값비싼 옷을 입는 학생이 우리 교실에 있다고 가정하자. 그런데 성격이 아주 엉망이다. 이른바 '일진'인데 나를 괴롭힌다. 매일 노는 것 같은데 비싼 과외를 받아서 그런지 성적도 늘 상위권이다. 공부를 잘하니 선생님들도 그 녀석 편이고, 친구들도 당연히 많다. 다른 걱정이 없으니 성격은 더 유쾌하고 발랄하다.

반면에 나는 가진 게 없다. 타고난 몸과 얼굴도 그냥 그렇고, 머리도 딱히 똑똑하지 않다. 운동신경도 없으며 자존감이 낮다 보니 성격도 점차 움츠러든다. 잘생기지도 않고 잘하는 것도 없으니 선생님들도 대하는 것이 다르다. 더구나 가정환경마저 열악하다. 부모님은 경제적 사정으로 매일 밤 싸우신다. 공부도 안 되고, 성격은 더욱 꼬여간다. 그러다 보니 친한 친구들을 나도 모르게 밀어내면서 자괴감은 깊어진다. 잘나가는 그 녀석과 나는 계속 비교되어 나는 점점 비참해진다. 심지어 부가 대물림되는 사회에서 졸업해 열심히 돈을 모아봤자 그 녀석은 나보다 더 잘살 것이다.

돈과 권력이 있다면 그렇지 못한 사람들보다 훨씬 사는 데 있어서 난이도가 낮을 것이다. 어떤 사람은 재수하는 것도 힘겨운데 고액 과외로 적당하게 입학해서 어학연수에 국외 학위까지 받거나 부모님이 적당히 마련해주신 회사에서 사회생활을 시작하는 등의 모습들 말이다.

연세대학교 공학 석사 교육을 받으면서 연구원들과 대화를 하다 보면 그들도 집에서 큰 지원을 못 받고 있었다. 그리고 집안 형편이 좋지 못하다는 이야기들을 듣게 되기도 한다. 그럴 때마다 느낀 것이 있다면 집안 형편에 신경 쓰지 않고 공부만 할 수 있는 우리의 사정 자체를 부러워하는 사람도 굉장히 많다는 것이다. 나는 대한민국과 해군이 도와주기 때문에 지금처럼 학업에만 집중할 수 있다. 만약 학창시절의 나였다면 이 비싼 교육은 엄두도 못 냈을 것이다.

상대적인 불평등은 항상 존재한다. 솔직히 말해서 인생은 절대 공평하지 않다.

중요한 것은 많이 가진 것은 그 녀석의 인생이고 나는 내 인생이다. 세상에는 상대적으로 불공평한 76억 명의 사람들이 다 다른 삶을 살고 있다. 상대적인 불평등에 집중하면 그것이 강조되어 마음이 심란해지는 것이지 이 시대에 대한민국에 태어난 것만 하더라도 어찌 보면 전 세계 인구 중 절반 이상에 포함되었으니 성공했다고 봐야 한다. 아무 교육을 받지 못하고 굶주림이나 저체온증으로 사망하는 위험에서는 벗어났다. 더 크게 보면 생물 중에 사람으로 태어난 것도 크게 나쁘지 않은 뽑기였다. 결론적으로 수많은 인생 속에서 지금까지는 당신이 선택할 수 없었던 삶을 살아왔지만 그렇다고 크게 나쁘지 않았고, 지금부터는 당신의 인생을 결정하면서 살아가면 된다. 바로 이 점이 중요하다.

아무리 노력해도 저 녀석보다 잘살 방법이 없다는 생각이 종종 낙담하게 만들 수는 있다. 하지만 그것이 사실이라고 하더라도 거기에서 비롯된 상대적 박탈감이 우리를 성장시키는데 방해가 되면 안 된다. 가정 형편이 어려워서, 타고나지를 못해서 그만두고 싶은 생각이 든다면 혹시 포기하거나 쉬고 싶은 마음을 상대적 박탈감이라는 핑계 거리로 삼고 있는 것은 아닌지 돌아보자.

저 녀석이 현재의 내 삶을 못나 보이게 하고 질투 나게 하는데, 그것이 나의 미래까지 결정짓게 내버려두면 안 된다. 당신은 그 녀석과 승부를 하는 것이 아니라 더 잘 살고 행복하기 위한 경기를 하고 있는 것이다. 고작 수능 점수 좀 잘 받은 것을 가지고 행복까지 연결시키는 것은 지나친 비약이라고 생각할 수도 있지만, 이 수능을 잘 보기 위한 노력은 인생을 행복하게 만들려는 여러 시도 중 하나이다.

'내가 소주에 국밥 먹을 때 저 녀석은 양주에 초밥 먹겠지…?' 하는 생각은 불필요한 정신적 소모다. 그런 생각으로 살면 나중에는 소주에 새우깡도 먹기 힘들어진다. 상대방과의 삶을 비교하는 것은 무의미하며 내가 더 만족하는 삶을 살기 위해 노력하는 것이 중요하다는 것이다. 기준을 상대에 놓고 비교하는 것은 아무리 잘해도 2인자밖에 될 수 없는 방법이다.

결론적으로 말하자면 이 과정은 **당신이 목표로 하는 길을 흔들림 없이, 그것도 조금 조급하게 달려야 하는 레이스지, 다른 적과 싸우는 경기가 아니다.** 당신이 넘어서야 되는 것은 상대가 아니라 지금 당신의 성적이다. 자신의 게으름과 효율성 없이 보내는 시간과 싸우는 것으로도 충분하다.

망상을 하려거든 열심히 노력해 크게 성공해서 '그때 그런 녀석들도 있었지…' 하면서 여유 있게 한잔하는 내 모습을 그려라. 건강한 신체에 건강한 정신이 깃든다는 말도 분명히 맞는 말이지만 그전에 올바른 정신이 더욱 중요하다. 그래야 올바른 행동을 이끈다.

이 책에서 동기 부여 부분을 많이 설명하는 것은 지금까지와 다른 습관을 갖게 하기 위해서다. 습관의 변화를 위해서는 정신이 몸을 이끌어야 하기 때문이다. 먼저 건강하고 올바른 생각을 가지고 다른 무엇보다 '나'의 삶을 행복하게 할 수 있는 노력을 우선적으로 하자.

이제 우리의 삶에 집중하자. 방해받지 않는 곳을 찾는 것에 집중하자. 집이든 도서관이든. 물론 나는 학교에서 공부 이외의 사회화 과정이 훨씬 중요하다고 믿는 사람 중 하나이지만, 지금 수능을 1년 남겨둔 시점이니 그런 것에 신경을 쓸 만한 시기가 아니다. 일단 우리는 시험 성적을 단기간에 바짝 높여서 지금보다 좀 더 좋은 대학교에 입학하는 것이 목표다. 다른 것보다 그것을 우선적으로 생각하자.

목표에 방해되는 것은 치우거나 신경을 끄는 것이 최고다. 상대와의 비교는 가장 의미가 없는 행동이니까 아예 생각을 하지 말자.

입시 제도에 대한 불만? 일단 합격 때까지는 꺼둔다

한번쯤은 들어봤을 거다.

"행복은 성적순이 아니잖아요."

나는 이 말에 사실 전적으로 공감하는 사람이다. 당연히 행복은 성적순이 아니다. 세상에 얼마나 많은 철학가들께서 개인과 공동체의 행복에 대해서 고민하셨는데 그게 그렇게 간단하겠는가. 사실은 연봉도 성적순이 아니고, 또 행복도 연봉순이 아니다. 오히려 성적을 높이기 위한 노력의 과정에서 고통이 수반되고 그 때문에 잘못된 일들도 일어난다.

사람을 성적으로 모조리 평가하는 것은 당연히 잘못되었다. 하지만 열 길 물속보다 한 길 사람 속을 알기가 더 어렵다는데, 대학교 입시 면접관들이 도대체 무엇으로 당신을 평가해야 할까?

"이 친구 제가 진짜 잘 아는 아이인데, 성실하고 열심히 합니다." 하면 입학시켜주어야 하나? 그러면 더욱 큰 문제점이 발생할 것 같지 않은가? 그렇게 되면 당연히 인맥이나 정보가 많으며 조기에 많은 지원을 받을 수 있는 사람이 유리한 제도가 되지 않을까? 부모로부터 경제력뿐만 아니라 학위와 직업까지 물려받는 세상을 원하나?

지금 우리나라가 채택한 수학능력평가라는 것도 다양한 각도에서 인재를 발굴하기 위한 검토된 제도이다. 나도 시험 무지하게 싫어한다. 하지만 시험이 최고의 방법은 아니지만 또 그만큼 공정하기도 힘든 방법이다. 나를 포함한 대부분은 시험을 봐야 하는 번거로움보다는 정의롭지 못하고 불평등한 사회가 만들어지고 이것이 가속화되는 세상을 더 싫어할 것이다.

그러니 불만 가지지 말자. 사실 우리가 불만을 가져도 의미가 없다. 당신의 불만이 공감되려면 최소한 입시를 성실하게 또 우수하게 잘 치르고 나서 "내가 해보았는데 정말 좋지 않은 제도이다."라고 해야 설득력을 가지게 될 것이다.

또, 정말 이 수능이라는 제도가 나쁜가?

다시 일진을 소환해보자. 이 친구는 집안이 좋고 부모님께서 왕성한 활동을 하시는 분이라 각종 인맥을 동원해 입학에 유리한 대학 정보를 딱딱 받아오신다. 거기에 맞춰 수업해줄 과외 선생님을 알아볼 수 있는 능력도, 얼마가 들어도 그 선생님들을 고용할 수 있는 능력도 충분하시다.

반면에 우리, 아니 고등학교 때의 나의 사정은 그렇지 않았다. 어느 정도였냐 하면 해군사관학교 합격 발표가 날 때까지 논술 준비는커녕 다른 대학교 입학 원서를 쓸 줄도 모르고 있었던 수준이다. 그리고 학교에서도 원래 예체능으로 분류되어 있다가 중간에 해군사관학교로 진로를 바꾸는 바람에 내가 무엇을 준비해야 하는지 상담해줄 수 있는 선생님이 없었다. 그러니 맞춤형 과외는 생각도 못해보았다.

나만 이럴까? 대한민국 표준인 내가 이 정도 수준이었다면 입시제도 정보의 장에서 벗어난 곳에 있는 많은 사람들은 얼마나 힘들까? 그나마 지금은 대부분 인터넷을 잘 사용하지만 당시의 나에게 인터넷은 온라인 게임을 위해 접속하는 매개체였을 뿐이다.

자, 이런 상황에서 수학능력평가라는 제도가 없다면 과연 교육의 기회 평등이 이루어질 수 있을까? 물론 수능시험이라 하더라도, 수능 때까지 집중적으로 과외를 받을 수 있는 그 일진이 상황은 더 낫겠지만, 아예 정보전에서 배제되어 버리는 나 같은 학생에게는 그나마 공평한 제도다. 어쨌든 한날한시에 같은 문제와 자격으로 서로의 실력을 공정하게 펼칠 기회를 주지 않는가? 부모님의 능력이 아닌 내가 준비한 것으로 승부를 보지 않는가?

특히 수능의 좋은 점은 맞춤형으로 딱딱 주는 개념이 아니라 방대한 자료를 가지고 매년 모의고사에서 이렇게 출제될 것이라는 방향을 제시해준다는 점이다. 그런데도 다들 잘 못하지 않은가? 그 규모와 난이도가 또 다른 공정함을 만들어준 셈이다.

또 시험 그 자체로도 의미가 있다. 앞서 이야기한 '시험'이라는 제도의 문제를 떠나서 그 과목의 문제를 풀기 위해 습득해야 하는 지식들이 쓸모 있다는 것이다. 종종 세간에서 이야기하는 것과는 다르게 배운 것들이 절대 실생활에 의미가 없지 않다.

이 과목들의 효용성에 대해서 의문을 가지는 학생들이 많다. 친구들과 이야기하는데 아무 불편함이 없는데 국어가 왜 필요한지 모르겠다는 것이다. 미적분은 졸업하면 쓸모가 없고, 학교 영어를 잘해도 외국인과 대화하기 어렵다는 것이다.

하지만 정식으로 국어 공부를 하면 실제로 내가 바른 언어생활을 하고 있는지 알 수 있고, 특히 법적·행정적 관련 내용 등을 파악하고 번잡한 회의 내용을 정리하는 데도 유리하다. 당장 사회로 나오면 공표된 법과 고지 사항을 처리해야 하고, 정치에 참여하고 싶다면 여러 가지 정책안들을 살펴봐야 하는 등 보통의 국민으로 사는 데에도 읽어야 할 글이 몹시 많다. 이럴 때 국어 공부는 핵심 내용만 추려서 정리하는 능력을 향상시키는 데 도움이 된다. 뿐만 아니라 업무 미팅에서 도저히 말이 안 통하는 상대를 만났을 때 저 사람이 어떤 오류를 범하고 있으며 회의 주제로 다시 돌리기 위해서는 어떻게 흐름을 이끌어야 하는지 등, 상황을 논리적으로 이해하고 합리적으로 이끌어갈 수 있는 방법을 배울 수 있다.

가끔씩 사회생활 중에도 '공부 잘하는 사람은 역시 좀 다르다'라는 이야기를 하는데, 대부분 이렇게 업무 능력에서 조금씩 그릇의 차이를 보이는 경우가 많다. 즉, 생활이나 업무를 할 때 국어 능력은 단순히 말만 통하는 것으로 충분하지 않다. 잘하면 잘할수록 유리한데 그 기본 바탕에 수능 국어도 있다는 것이다.

수학도 정말 중요하다. 이공계로 진로를 결정하게 되면 말할 것도 없고, 일상 속에서도 쓰임이 많다. 집에 가구를 두거나 도면대로 무엇을 만들 때, 각종 도형의 면적과 부피를 구할 때 쓰이며, 삼각함수 등을 활용하는 경우도 의외로 빈번하다. 뿐만 아니라 나처럼 문과나 예체능이라 하더라도 향후 접근하기 힘든 상황에 대해서 차근차근 정리하는 능력을 가질 때 중요한 역할을 한다.

수학을 실전에서 곧바로 사용하기 힘든 이유는 강력한 가정, 즉 현실과 매우 다른 상황에 대한 법칙을 규정하고 진행하는 경우가 많기 때문이다. 하지만 가정 안에서 논리적인 전개를 통해 사건을 해결하는 연습은, 향후 크고 복잡한 상황을 만났을 때 단계별 해결 능력을 향상시켜주니 제법 쓸 만한 것이라고 감히 이야기하겠다. 특히 추리력, 논리적 연계, 상황 인지 및 정리 등에도 폭넓은 훈련이 된다.

영어나 외국어는 굳이 능수능란하게 원어민과 이야기를 못하더라도 각종 어플리케이션을 이해하는데 바로 쓰일 수 있고, 접근할 수 있는 정보의 범위를 엄청나게 넓혀준다. 학교 영어를 잘하는데 원어민과 대화가 어렵다는 것은 수능 영어가 시험의 변별력을 위해 일상적인 문장과는 조금 떨어진 지문들이 많이 출제되기 때문일 것이다. 그러나 실제로 수능 영어의 수준은 그렇게 높지 않다. 대학으로 진학하게 되면 고등학교 때 배운 영어는 원어민과 대화할 수 있도록 하는 바탕이 될 것이다.

사실 수능 영어도 어지간히 잘하는 학생들은 원어민과 어느 정도 대화가 가능하다. '수능 시험에서 만점 받아도 미국인과 한마디도 못한다'는 세간의 말은 과장된 표현이다. 인사하기, 길 가르쳐주기 등 수많은 내용을 담고 있는 영어 지문은 이미 외국인들과 대화하는데 충분하도록 학습을 시켜주고 있다.

탐구 영역의 공부는 사회인으로서 갖추어야 할 일반 상식이 되어준다. 상식이란 일반적으로 공감할 수 있는 척도로 사회인으로서의 품위는 물론 기본적인 소통을 이어나갈 수 있게 해 폭넓게 인맥을 갖추는데 도움이 된다. 당장 인터넷에 올라오는 글만 보더라도 기본 상식을 갖춘 글과 그렇지 않은 것의 구분이 가능하다. 지적인 품위는 자신을 드러낼 때 더욱 돋보이게 한다. 이런 것까지 외워야 되나 싶은 것들도 사회에 나와 보면 의외로 당연히 필요한 것들도 많고, 해당 분야로 전공을 선택할 경우에는 훨씬 더 깊은 수준을 요구받는 것들도 많다.

자동차 납축전지를 왜 뒤집으면 안 되는지, 창원시는 왜 로터리가 많은지, 시계를 왜 전자 기기 위에 두면 안 되는지 등은 몹시 당연한 상식인데, 놀랍게도 전혀 그 이유나 원리를 모르는 사람도 꽤나 많다.

따라서 수능을 위해서 배우는 과목들은 일반 성인으로서 기본적으로 익혀야 하는 것들도 많다는 말이다.

둘째는 그 사람의 태도, 특히 업무와 당면한 과제에 대한 태도를 어느 정도 짐작할 수 있다. 요즘 유행하는 블라인드 채용의 골자는 학위 및 출신 등을 모두 배제하고 오로지 실력으로 뽑자는 것이다. 학연이나 지연 등을 배제하고 업무에 대한 능력만 비교하자는 의도는 훌륭하다.

하지만 회사를 경영하는 입장이라면 실력을 보는 면접에서 A라는 사람이 B라는 사람보다 다소 높은 점수를 받아도 A라는 사람의 학위가 훨씬 뒤떨어진다면 면접 결과만 갖고 아무런 고민 없이 A를 선택할 수 있을까?

아마도 그러지 못할 것이다. 왜냐하면 회사에서의 일은 딱 한 가지만 하는 것이 아니기 때문이다. 팀원과의 소통, 여러 상황에서 침착하게 대응하는 능력, 핵심을 간추려 보고하는 능력 등 각종 행정 능력과 배우려는 태도가 중요한데, 사실 주 업무가 어느 정도 숙달되면 면접에서 보여준 특정 업무에 대한 역량보다 이런 부분이 훨씬 중요할 수도 있다. 결국 이러한 것은 '태도'의 문제인데 '성실하고 모범적'으로 공부한 B의 인상을 A가 이기기 쉽지 않은 것이다. 결국 성실한 태도 면에서 어느 정도 검증된 사람이라는 느낌을 주는 B가 훨씬 유리하다. 꼰대 같다고 볼 수도 있지만 경영자의 입장이라면 누구라도 비슷하게 생각할 것이다.

반대로 생각해서 잠깐의 면접으로 A와 B의 실력 차이를 명확하게 판단할 수 있을까? 또 A가 성실하지 못한 사람인데 단순히 면접 기술만 익혀서 온 것이 아니라는 보장은 어디 있나? 만약에 그렇다면 회사 입장에서는 A로 인한 손실뿐 아니라 B를 놓친 손실까지 이중으로 피해를 입게 될 것이다.

인터넷에서 그런 글을 읽은 적이 있다. 정확히 기억나지는 않지만 "성적으로 실력을 판단하고 싶지는 않지만 만약 7등급이 내 맹장을 수술하려고 하면 망설여질 것이다."라는 글이 있었다. 당신은 안 그럴까? 사람에게 투자할 때 학위란 그래도 참고가 되는 내용이다.

당신을 응원하는 사람들의 목소리는 존중하자

아무도 자신을 이해해줄 수 없다고 생각되고 주변에 아무도 없는 것 같은 사람이 있을 수도 있다. 하지만 생각해보면 가족, 친척 또는 학교 친구나 선생님 등 '적어도 당장 부탁할 일이 있을 때 말할 수 있는' 정도의 사람은 분명히 있을 것이다.

나 같은 경우는 다행스럽게도 사람 복이 무척 좋아서 주변에 항상 진심으로 걱정하고 응원해주는 분들이 많았다. 그들의 격려의 말들이 어떨 때는 잔소리 같고 내 마음을 하나도 모르는 말로 들릴 때도 있었다.

지치고 힘들 때 이 사람들에게 짜증내지 말고 객관적으로 자신의 위치를 점검해보자. '왜 이들이 나한테 이런 말을 할까?'를 생각해보자. 이들의 잔소리를 없애는 방법은 내 생각과 행동의 변화일 것이다. 이들의 조언을 내게 변화가 필요하다는 일종의 신호로 받아들이자.

어떤 고난과 역경이 있어도, 누가 뭐래도 나는 나의 길을 걷는다는 사람들도 있다. 하지만 꾸준히 자신의 길을 추구하고 배짱 있게 밀고 나가는 신념과, 귀를 막고 눈을 닫고 고집 부리는 아집은 착각하기 쉽지만 전혀 다르다. 전자는 꿈을 쫓기 위해 자신과 주변을 존중하지만 후자는 자신의 주장을 쫓기 위해 자신과 주변을 묵살하는 것이다.

주변에 있는 진짜 당신의 편이 뭐라고 하는지 잘 들어라. 부모님이나 할머니, 할아버지, 어릴 적부터 꾸준히 챙겨준 친구들은 진짜 당신의 편으로 분류할 수 있다. 사람들의 성격에 따라서 당신에게 명확하게 충고하지 못하는 경우도 있겠지만 눈치가 있다면 그들이 무슨 이야기를 하고 싶은지 알 것이다. 그 목소리를 들어라. '너무 놀기만 하지는 마라', '선생님 말씀 잘 들어라' 하는 이런 당연한 이야기에서부터 더 깊은 충고까지.

하지만 살다 보면 가끔씩 화도 나고, 우발적으로 관계가 뒤틀리는 경우도 얼마든지 발생할 수 있다. 싸울 수도 있고, 어떤 부분에서는 도저히 합의를 이루지 못해서 일부러 말을 아끼기도 한다. 그럼에도 불구하고 이들은 당신의 편이고 당신이 잘되기를 바라는 존재들이다. 그러니 이런 관계를 잘 유지하되 갈등을 피하자. 그러다 보면 더 좋은 관계가 된다.

특히 스트레스를 많이 받는 민감한 시기인 지금은 사소한 것으로 마음 상해 관계가 틀어지기도 한다. 좋은 관계일수록 예의를 갖추고 상대를 존중하자. 말이 안 통하는 부분은 대화를 하지 않는 것도 방법이다.

우리 해군으로 예를 들자면, 배를 탈 때 전우들과의 관계는 몹시 돈독하다. 한 배를 탔다는 운명 공동체라는 것은 어지간한 소속감과는 비교조차 되지 않는다. 그런데 만일 배에서 갈등이 일어나면 계속해서 마주해야 하기 때문에 엄청나게 불편해지고, 그런 상황에서는 임무의 성공률도 떨어지고 다른 사고로도 이어질 수 있다. 그래서 답이 없는 세 가지 주제에 대해서는 말하는 것을 애초에 금지하는데 금지된 주제는 '정치', '이성', '종교'이다. 이런 식으로 애매하게 대립될 만한 주제를 피하는 것도 갈등을 피할 수 있는 방법이다.

애정과 노력을 통해서 잘 만들어진 관계는 항상 든든한 내 편이 된다. 사실 위에서 말한 모든 것은 여러분들의 부모님께서 먼저 말씀하셨을 것이다. 마치 나의 부모님이 그랬던 것처럼.

"쓸데없는 짓 말고 공부나 해."

"자기 전에 숙제 다 해둬."

"선생님 말씀 잘 듣고 예습 복습 잘해."

"맞고 학교 갈래, 그냥 갈래?"

좀 거칠지만 이미 말씀하셨다. 다 주옥같은 말씀이셨다. 그 말씀대로 잘 살아온 사람은 추억과 성적이란 성과 모두 가질 수 있을 것이다. 하지만 저런 진심 어린 조언을 잘 안 듣고 지내왔다면 이제부터라도 두 배로 열심히 하자.

단, 여기서 조언과 그분들의 일방적인 의견은 좀 구분해서 들어야 한다. 예를 들자면 나의 부모님은 아들이 너무 공부를 하지 않는다며 이런 사람의 예를 들었다.

"그 사람은 공부를 어느 정도로 열심히 했냐 하면 영어 사전을 한 장씩 다 외울 때마다 찢어서 먹었다. 그리고 하루 2시간씩 자면서 눈 밑에 치약을 발라서 잠을 쫓고 허벅지에 피가 나도록 컴퍼스로 찔렀

다.”

물론 저런 방법이 적합한 분도 계실지는 모르지만 나중에 휴식 부분에 대해서 후술할 것인데 별로 추천하지 않는 방법이다.

나는 수능을 공략할 때 ‘이 일정을 수능 직전 날까지 유지할 수 있느냐 없느냐’를 굉장히 중요한 요소로 보았다. 일단 저렇게 1년간 공부할 자신도 없었고, 수능 당일의 컨디션을 고려할 때 적합한 방법으로 보이지 않아서 과감히 나만의 계획을 추진했다. 부모님의 진정 어린 충고의 말의 속내는 ‘네가 좋은 성적을 받아서 좋은 대학에 가고, 좋은 직장을 가져서 안정적이고 보람 있는 삶을 살았으면 좋겠다.’라는 것이지 ‘죽기 살기로 힘들게 공부해’가 아니기 때문이다.

말하는 의도를 파악하자. 표현 방법이 조금 거치시더라도 나를 위해 하시는 말씀이니 존중하면서 갈등 상황은 만들지 말자.

목표 이외에는 모든 것을 내려놓자

남학생들의 경우 불필요한 자존심, 이른바 허세가 은근히 신경 쓰이게 된다. 학년이 올라가면 꼭 한번쯤 싸움이 벌어지지 않는가? 어릴 때라서 가능한 객기이며 아까운 정열과 시간이 아닐 수 없다.

여학생들의 경우에는, 관찰한 결과에 따르면 좋아하는 연예인, 팬 카페 커뮤니티의 직책과 위치, 사귀고 있는 이성 친구, 게임의 높은 레벨, 유명 브랜드의 옷과 액세서리 등에 관심이 많다.

다 내려놓아야 한다. 지금은 그런 명찰마저도 무거울 때다. 오로지 목표만 생각하자. 지금 우리는 1년을 달릴 마라토너와 같다. 거추장스러운 모든 것들을 내려놓아 가장 가볍게, 가장 달리기 좋게 만들어야 한다.

'그래도 이것만은 절대 포기할 수 없어'라고 생각되는 것이 있다면 그것을 못할 경우 범법이 되지 않는 이상 1년만 과감하게 놓아보자. 훨씬 마음이 가벼워질 것이다.

몇 가지 예를 들어볼까?

우선 패션 분야. 이것도 놓아라. 학창시절에는 나름의 잘나가는 청소년 패션이라는 것이 있었다. 아버지 세대에는 교복을 늘리거나 줄이고, 모자에 광을 내거나 모래를 바르는 등의 나름의 수선을 했다면, 우리 때는 교복을 바짝 줄여서 발목 부분을 아주 타이트하게 만드는 것이 유행이었다. 멀리서 보면 닭발 같다. 지금 와서 보면 왜 저런 짓을 했나 싶은데, 지금 여러분들이 하는 학교 패션도 나중에 되돌아보면 이해할 수 없는 패션이 될지도 모른다.

롱패딩이 그렇게 유행할 때 출근 시간에 등교하는 학생들을 보면 펭귄 다큐멘터리인지 고등학교인지 구분이 안 간다. 유명한 브랜드의 농구화, 비싼 코트나 점퍼, 그거 다 여러분 부모님이 해주시는 것이다. 자랑할 것도 없고 딱히 그걸 입는다고 멋있지도 않다.

1년 후 해군사관학교에 들어가면 하근무복, 춘추 잠바, 동근무복,

동잠바, 하약정복, 하정복, 동정복, 동코트, 백단화, 흑단화, 흑요대, 백요대가 제공된다. 버클부터 하체육복, 동체육복, 체육 잠바, 소총, 대검, 무장 세트, 하전투복, 동전투복, 야상, 전투화뿐만 아니라 예식복, 예식모, 예식 밴드, 예식 깃털까지 나오며, 근무자가 되면 사벨이라는 칼까지 풀 패키지로 준다. 물론 속옷도. 게다가 졸업할 때에는 두툼한 금에 루비까지 박아서 반지를 만들어준다. 하도 많아서 닦고 다리고 세탁실에 맡기는 등 관리하기가 귀찮을 지경이다. 그럼에도 불구하고 지금 유행하는 무슨 의류가 사고 싶다면 돈을 숨겨두었다가 나중에 졸업하고 정장이라도 한 벌 맞춰라. 그게 같은 돈으로 볼 때 훨씬 이득이다.

특히 술과 담배는 절대로 하지 마라. 이게 왜 안 좋으냐 하면 시간을 엄청나게 잡아먹는다. 우선 술은 실제로 술자리에서 마시는 시간과 취한 후 술이 깨는 시간을 합쳐서 거의 하루는 물론 다음날 반나절까지의 시간이 든다. 그냥 그 시간을 버리는 것이 아니라 공부 리듬 자체를 깨버리는 것이 더욱 문제다. 1년 동안 1등급으로 성적을 향상시키는 것이 목표인 우리는 쉬는 시간과 수면 시간도 공부 리듬에 맞추어 진행해야 하는데 술을 마신 후 허비하는 하루 하고도 반나절은 최소한 삼사 일간 영향을 주게 된다.

담배. 이건 사실 한번 피우기 시작하면 습관적으로 피우게 되기 때문에 그 시간을 많이 버리게 된다. 담배를 피울 장소를 찾아 가고,

담배를 피우고, 오고 하는 시간들이 하루에 최소 수 번은 생기게 된다. 그렇게 당신이 담배를 피우는 사이 누군가는 3분, 5분으로 시간을 쪼개서 공부를 한다.

내가 아는 지인은 담배가 각성 효과가 있고 생각을 정리하는데 효과가 있다고 말한다. 나도 꾸준히 피우다가 끊은 사람으로서 이야기하자면 반은 맞고 반은 틀리다. 틀림없이 안 피우다가 피우면 어느 정도 각성 효과는 있다. 하지만 당신은 수능을 공략할 사람이다. 담배를 계속 태우면서 수능을 볼 수 있고, 그게 도움이 된다면 권장하겠지만 결론적으로 그렇지 않다. 원래는 충분히 고민할 수 있는 사안들을 오히려 담배가 없어서 각성 능력이 둔해지고 집중력이 떨어져 잘 못하는 상태가 되기도 한다. 담배를 피우지 않으면 문제 해결 능력이 감소될 가능성이 있다는 것이다.

꼰대 같겠지만 나는 청소년이 술과 담배를 하는 것은 특별한 경우가 아니면 안 했으면 좋겠다. 마시고 피우고 스스로 손해 보는 것은 둘째 치고 술과 담배를 모르고 파신 상인 분들까지도 법적으로 처벌받게 되어있다.

호기심에 궁금해서 도저히 공부가 안 된다 싶으면 부모님이나 주변 어른들께 솔직하게 말씀드려라.

"오늘 딱 하루만 경험 삼아서 해보고 더 열심히 살겠습니다. 한번 자리만 만들어주시면 안 되겠습니까?" 해라. 술을 어린 또래들끼리 배우면 주사가 안 좋아지는 경우가 많고, 나중에 사회생활에서도 그것은 상당히 치명적이다. 담배도 지금 맛들이면 나중에 끊을 때 생각보다 힘들다. 술도 담배도 미리 하지 말자.

자, 저런 거 다 잊고 주변 인간관계도 정리하면서 일단은 합격하자. 지금부터 공부해서 되겠냐는 고민 역시도 내려놓자. 잘될까 안될까의 문제는 우리가 어떻게 할 수 있는 문제가 아니다. 매일 모의고사를 만점 받던 친구가 수능에서는 아주 망쳐버릴 수도 있고, 누구도 수능 고득점을 기대하지 않는 성적의 소유자가 수능 때는 이른바 대박을 칠 수도 있다.

진짜 문제는, 하느냐 마느냐이다.

"실패를 두려워하지 말라. 시도조차 하지 않을 때
놓치게 될 기회를 걱정하라."
- 오리슨 스웨트 마든 -

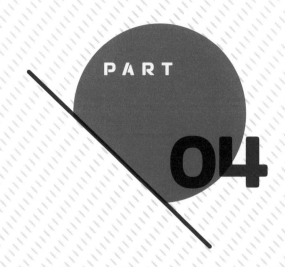

PART

04

**자신을
속이지 말자**

"

―――――――――――――――――――――

"고개 숙이지 마십시오.
세상을 똑바로 정면으로 바라보십시오."
- 헬렌 켈러 -

―――――――――――――――――――――

"

수능 온라인 게임에 접속하기

자, 일단 이해를 돕기 위해서 수능 온라인이라는 게임에 접속했다고 생각하자. 내가 이야기할 때 종종 '롤 플레잉'* 게임과 비교할 텐데 나라는 사람의 상황을 좀 더 객관적으로 볼 수 있는 방법이기 때문이다. 온라인 게임에 익숙하지 않으신 분은 육성 시뮬레이션으로 봐도 좋다.

우선 '나'라는 캐릭터가 생성되었다. 이 녀석의 1년 후 목표는 '수험생'에서 '생도'로 전직하는 것이다. 먼저 경험치를 쌓고 레벨을 올린 다음에 부여되는 스탯*으로 적절한 스테이터스의 향상을 통해서 전

* 이용자가 게임 프로그램에 등장하는 인물의 역할을 맡아 줄거리를 따라 진행해 나가는 컴퓨터 게임.(네이버 국어사전)
* 롤플레잉 게임을 비롯한 다수의 비디오 게임에서 사용자의 능력 수준을 숫자로서 가시화하는 체계. 통계를 뜻하는 영단어 Statistics의 약자 Stats를 표기하는 데서 유래하였다.(네이버 국어사전)

직이 가능한 상태를 만들어야 한다.

그러면 스테이터스를 어떻게 배분해야 할까? 직접 전투를 수행하는 힘과 방어력이 뛰어난 전사로서 전직을 꿈꾸면서 '지능'이나 '마법력'에 투자하는 사람은 아무도 없다. 또는 지능과 마법력을 바탕으로 강력한 주문을 구사하는 마법사로의 전직을 꿈꾸면서 '힘'이나 '민첩'에 투자하지 않을 것이다. 물론 하는 사람도 있지만 그들은 보통 망하는 게임을 즐기는 변태들이다. **우리의 고3 생활과 수능이 망겜이 되지 않도록 정석대로 키워보자.**

자, 내가 전직하고자 하는 이 '생도'라는 직업은 국어 90포인트, 영어 90포인트, 수학 100포인트, 탐구 영역 100포인트에 체력 70포인트를 쌓으면 전직 가능하다.

이제 지금의 내 스테이터스를 보자.

어떻게?

당신의 대다수 스테이터스는 모의고사 성적표가 보여준다. 이 스테이터스의 확인과 목표하는 전직 포인트를 비교하는 것에서부터 현재 내가 어디에 있고, 앞으로 어디로 가야 하는지 알 수 있다. 이 성적표의 스테이터스와 목표로 하는 스테이터스를 기반으로 전략을 짜는 것이 수능 온라인의 기본 전략이자 매뉴얼이라고 할 수 있다.

성적표를 노려보자

성적 향상의 길은 자신의 성적표를 펼쳐놓고 객관적으로 관찰하는 용기에서부터 시작된다. 특히나 모의고사를 자주 치르는 고등학생의 신분이라면 적어도 몇 개 분의 성적표가 있을 것인데, 이것은 공부의 방향을 잡는 상당히 괜찮은 데이터가 된다.

자, 성적표를 펼쳐보자. 만약에 당신이 고등학교 2학년 때의 나 같은 학생이었다면 성적표를 분석하는 시간 자체가 아주 어색하거나 또는 처음일 것이다. 민망한 성적표를 당장 접어 방구석 어딘가에 쑤셔놓고 싶을 것이다. 하지만 성적표를 외울 정도로 봐야한다. 또 이때 웬만하면 시험지도 같이 가지고 분석하자. '내가 어릴 때부터 책을 많이 봐서 국어는 항상 잘해'라고 생각했는데 성적표에서 국어 성적이 별로라면 당신은 국어를 잘 못하는 것이다. 정말 말을 잘하고 글을 잘 쓴다고 하더라도 성적과 등급이 낮다는 것은 수능 국어라는 대상을 상대하기에는 적합한 능력을 아직 갖추지 못하고 있다는 것을 여실히 보여준다. 다른 과목도 똑같다. 수학능력시험을 위한 당신의 평가는 이 성적표가 객관적으로 잘 나타내주고 있다. 지금의 당신 위치를 말이다.

반면에 성적표가 담지 못하는 분야가 있다.

이 성적표는 당신의 성장 상태를 보여주지는 않는다. 당신이 수능 목표를 향한 계획을 가지고 수능에서 맞게 될 점수와 현재 모의고사가 평가하는 점수에는 차이가 있게 마련이다. 왜 그러냐 하면 전체 등급을 향상시키기 위해서는 시간 투자가 상대적으로 많아야 하는 국어, 영어, 수학을 위주로 초반에 성적을 향상시킨다. 그렇게 되면 탐구 영역 부분의 성적이 상대적으로 낮아져서 초반에는 전체 등급이 낮은 경우가 있다. 미리 이야기하자면 이것은 맞는 방법이니 이때 절대로 조급하게 모의고사 등급을 높이기 위해 당신의 페이스를 망가뜨리면 안 된다. 우리가 원하는 것은 대학수학능력시험의 1등급 성적표이지 모의고사의 1등급 성적표가 아니기 때문이다.

자신이 부족하고 많은 시간을 투자해야만 성적 향상이 가능한 과목들을 공략하기 위해서는 우선 집중적으로 시간과 노력을 투자해서 어느 정도 기반을 다져놓아야 한다. 그 다음에 상대적으로 짧은 시간에 성적 향상이 가능한 분야를 공략하는 것이 훨씬 유리하다.

굳이 온라인 게임으로 비유하자면 전사를 키우는데 조금 불안해도 체력과 생명력에 투자를 하지 않고 힘과 민첩에 집중적으로 투자해서 많은 몹*들을 잡으면서 급격하게 레벨을 올리고, 그 경험치로 조금씩 체력과 생명력에 투자해서 궁극적인 밸런스를 갖춘 형태를 만들어가는 느낌이라고 할까. 처음부터 좋은 밸런스를 가지면 좋겠지만 초반에 스테이터스가 조금 불안하게 형성되어 있는 것이 성장

- 게임상에서 단순하게 움직이는 캐릭터를 일컬음. 주로 경험치를 올리거나 아이템을 얻기 위해 공격하는 상대 캐릭터를 이름.(네이버 국어사전)

에 더 적합하게 만드는 과정일 수 있다는 것이다.

　성적표 역시 그렇다. 모든 과목이 3등급인 성적표보다 국영수가 1등급이고 탐구 영역이 5등급이라 평균이 3등급인 성적표가 같은 등급이라도 훨씬 후반에 유리하다.

　나 같은 경우에는 수학과 영어가 나름 몇 개월간 열심히 공부했지만 5등급도 잘 안 나왔다. 국어는 그저 그랬고, 탐구 영역 부분은 공부하면 어느 정도 성적에 반영되는 상태였다. 그래서 공부를 하기로 결심한 후 수학과 영어에, 특히 80% 이상은 수학에 집중적으로 투자했다. 유일하게 다닌 학원도 수학 학원이었다.

　초반에는 답이 없어 보였지만 점차 수학과 영어의 성적이 올라갔다. 하지만 3학년 여름까지의 모의고사 성적표는 수학과 영어 성적이 올라간 만큼 탐구 영역의 등급이 떨어져 큰 변화가 없었다.

　많은 사람들은 일단 좋은 성적을 받기 위해서 탐구 영역도 집중적으로 공부한다. 반면에 우리는 수학과 영어를 단단하게 다지기 위해서 그 부분을 좀 놓아둘 것이다. 그러다 보니 국영수가 등급이 올라가도 탐구 영역이 5, 6등급으로 나와 평균 등급은 큰 변화가 없거나 같을 수밖에 없다. 하지만 나중에도 이야기하겠지만 수능에서의 탐구 영역은 국영수에 비해서 적은 시간 투자로도 충분히 좋은 성적을 만들 수 있기 때문에 초반에는 국영수를 먼저 잡는 게 맞다.

　하지만 성적표가 나오면 당연히 어머니의 잔소리는 있었다. 공부

안 하냐, 왜 해도 그대로냐 등등. 하지만 스스로는 알 수 있었다. 후반에 스퍼트를 낼 수 있을 것이라고. 지금 기반을 다져놓았으니 이제 벽돌을 쌓기만 하면 된다는 것을.

자기 자신의 상태는 누구보다 자신이 잘 알고 있다. 성적표를 기준으로 당신의 계획과 비교하여 스테이터스 관리를 해보자.

낮은 점수가 자존심 상하지만 성장을 위해서 반드시 확인하고 인정해야 하는 부분이다. 모의고사 성적표가 현재의 내 실력이다.

실수는 기회이다

선생님들이 정말 자주 하는 유명한 말이다.

"실수도 실력이다."

또 우리도 종종 하는 말이다.

"아는 건데 실수해서 틀렸어."

물론 그런 경우가 있기는 하다. 정말로 아는 것인데 실수한 경우.

내 경우에는 실수해서 틀린 문제를 꼼꼼히 다시 살펴보면, 수학의 경우에는 아는 문제라고 생각하고 있었음에도 계산 과정에서 모르는 부분이 있는 경우가 제법 있었다. 또 국어, 영어, 수학 등 모든 경우에는 출제자가 일부러 실수를 유도하는 문제인데도 '아는 문제'라고 착각한 경우가 대부분이었다.

이때 진짜 중요한 것은 이 오답을 꼼꼼히 분석하기 전까지는 이것을 정말 '단순한 실수'로 알고 있는 경우가 많았다는 것이다. 내가 왜 오답인지 해설지가 그 사유를 열심히 얘기해주지만, 사실 해설지란 나보다 공부를 아주 잘하고 그 문제를 온전히 이해하고 있는 출제자의 입장에서 서술한 것이지 내 입장에서 분석된 것이 아니기 때문에 '내가 틀린 진짜 이유'는 해설을 보고는 알 수 없는 경우가 많았다. 또는 실수라는 마음에 자세히 분석하지 않고 지나간 경우도 많았다.

중요한 것은 '실수했다'라고 생각하는 문제를 더 유심히 보는 것이다. 이 문제들은 '아예 모르는' 문제에 비해서 다음 시험에서는 맞힐 확률이 상당히 높은 문제이다. 하지만 그 문제를 유심히 보고 분석하지 않은 지금 상태로는 다음에도 '실수로 틀릴' 가능성이 더욱 높은 문제이다. 대충만 기억하고 있는, 또는 그냥 어디선가 보았던 것에 불과한 내용이라는 것이다.

위에 기술한 '유심히 보자.'라는 표현은 이 문제를 다시 풀어보자는 것이다. 혹시 해설지에 나보다 모범적인 방법으로 제시된 방향이 있다면 그것도 참고해서 그 방법으로도 문제에 접근해보자. 몇 번 반복하다 보면 당신의 것이 되어있을 것이다. 반복하고 연습하면 나아지는 것은 당연한 것이다. 그러다 보면 어느 날 '아예 모르던 문제들' 중 일부분이 '실수한 문제'가 되어있는 경우가 생길지도 모른다. 또 그것들은 유심히 보는 행동을 통해서 '아는 문제'가 되어 점차 실수할 것들이 줄어갈 것이다. 나는 그렇게 점점 실수한 문제, 아예 모르는 문제를 점차 줄여나갔다.

틀린 것이 많으면 올릴 성적도 많다

이 말도 상당히 유명하다.

"틀린 만큼 성적을 올릴 수 있는 기회가 있다."

희망을 주는 위로의 말이 아니라 명확하게 사실이다. 반면에 틀린 것만큼이나 해야 할 공부의 양이 많다는 의미도 된다.

틀린 문제, 즉 오답을 공부하는 과정이 결국 성적을 올릴 수 있는 방법으로 가는 과정이라는 것이다. 오답 노트의 중요성은 내가 아니더라도 누구나 이야기해 줄 것이다. 틀렸던 것, 내가 틀릴 수 있는 것을 하나씩 지워가는 과정이라고 보면 된다.

오답 노트가 왜 중요한가?

자, 수학능력시험은 대학 입시를 위해 전국 수험생들의 실력을 보는 것이다. 국, 영, 수, 탐구 영역 및 제 2외국어라는 과목과 몇몇 교과가 정해져 있다. 이 시험의 목적은 대학 입시를 위한 것이지 석사나 박사의 레벨도 아니다.

출제자의 입장에서 보자. 대학 입시라는 목적을 위한 적당한 난이도를 유지하면서 정해진 과목에서 계속해서 문제를 만드는 것이 과연 쉬울까? 결국 기출문제와 비슷한 유형의 문제가 만들어질 수밖에 없다. 사실 기존의 유형에서 크게 벗어나도 문제가 된다. 즉, 완전히 똑같은 문제는 아니지만 비슷한 유형은 반복되어 출제가 될 수밖에 없다는 것이다.

이러한 유형들은 과거로부터 쭉 이어져 온 것들이라 다행히도 우리가 미리 볼 수 있다.

바로 수능 기출문제, 각종 문제집 및 모의고사에서.

미리 만나보고 틀렸으니 이 틀렸던 녀석들을 공략하면 다음에는 맞출 수 있다.

게임이랑 똑같다. 예를 들어, 롤 플레잉 게임을 플레이 하다 보면 틀림없이 초보 때 '레벨 10 늑대' 이런 녀석이 있었는데 높은 레벨의 던전*에 들어가면 '레벨 30 붉은 늑대' 이런 녀석이 등장하고는 한다. 공격력과 방어력은 높은데 패턴이 똑같은 녀석이다. 초보 때 익힌 공략법으로 격퇴해주면 경험치가 비교도 안 되게 쌓인다. 같은 패턴의 몬스터는 얼마든지 환영이다. 오답 노트로 같은 유형의 문제를 자신의 것으로 만든다는 것은 이런 의미이다. 비슷한 유형의 난이도 낮은 문제를 자신의 것으로 만들게 되면 나중에 비슷한 유형의 어려운 문제도 풀 수 있다.

---

* 주로 온라인 게임에서 몬스터들이 모여 있는 소굴.(네이버 국어사전)

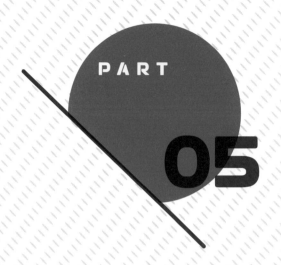

PART

05

사관학교
1차 시험이든,
수능이든
우선 국영수다

"
───────────────────────

"싸워서 이기려 하지 말고, 이겨놓고 싸워라."
-손무, 손자병법-

───────────────────────
"

국영수에 투자하기

사관학교 1차 시험은 여름에 계획된다. 통상 6, 7월.

시험 내용은 국어, 영어, 수학이다. 여기에 탐구 영역이 더해진 수능은 겨울이다. 통상 11월. 사관학교를 목표로 하는 우리로서는 시기적으로 국영수를 먼저 공부할 수밖에 없다.

그런데 일반적인 수능 준비를 하는 경우에도 똑같다. 항상 사람들이 국영수, 국영수 노래를 부르는 데는 다 이유가 있다.

탐구 영역에 비해서 성적을 향상하는데 많은 시간이 투자되지만 일단 향상시켜두면 국영수를 잡지 못한 학생들과 변별력을 가질 수 있기 때문이다. 따라서 국영수의 준비는 사관학교의 준비이자 수능 준비의 시작이라고 할 수 있다.

수능도 사관학교 1차 시험도 대부분 고등학교 2학년 중반이나 말부터 본격적으로 준비하게 된다. 물론 1학년부터 성실하게 준비하는 사람들도 많지만 수능 전체 진도를 다 배우려면 통상 2학년은 넘긴다. 이렇게 수능을 준비하려고 결심을 했을 때 무엇부터 어떻게 해야 할까?

분명하게 이야기하지만 수능은 머리가 좋고 나쁨에 의해 결정되는 것이 아니라 그 시험에 더 빨리 적응하고 적절한 공략법을 연구한 사람이 뛰어난 성적을 거두는 것이다. 일종의 '거대한 시험'이라는 큰한 과목이다.

암기력이 좋고 머리가 좋으면 유리하겠지만 그것으로 결정되기보다는 그 시험을 공략하는 방법이 머리의 차이보다 훨씬 중요하다.

시험은 국어, 영어, 수학이라는 좀 오랜 시간이 투자되는 과목들과 상대적으로 빠른 습득이 가능한 사회와 과학 등 탐구 영역들로 이루어져 있다. 그렇다면 당연히 많은 시간이 할애되는 국영수에 먼저 투자하는 것이 옳다. 다 같이 준비하는 것도 좋겠지만 일단 국영수에 집중적으로 투자하고, 다른 과목은 조금씩 보강할 수 있는 방안으로 소개하고자 한다.

솔직히 모든 과목에 시간을 분배하면서 국영수를 1년도 안 되는 시간에 1등급을 만드는 것은 내 역량을 기준으로 몹시 어려운 일이기 때문에 초반에는 탐구 영역을 좀 포기해야 한다. 그 이유는 후술하게 될 수학과 영어 잡는 방법을 소개한 대로 추진해보면 알게 될 것이다. 따라서 2학년 말에서 3학년 초반까지 국영수에 투자하는 것은 당연한 것이다.

앞서 잠시 언급한 바와 같이 이 국영수 초반 러시는 사관학교 1차 시험 준비와 수능 준비의 방법이 일치한다. 굳이 이 말을 하는 것은, 사관학교를 목표로 하든 안 하든 수능을 볼 생각이 있다면 방법은 똑같다는 것을 말하기 위해서이다.

국영수에 대해서 내 나름대로 설명해보겠다. 일단 나는 중학교 때부터 고등학교 2학년 2학기까지는 그 많은 수포자, 즉 수학 포기자 중 한 명이었다. 하지만 수학능력시험이 다가오는 고등학교 3학년 가을에는 수학만큼 든든한 과목이 없었다. 약 반 년 정도의 투자면 5등급에서 시작해서 1~2등급은 달성할 수 있는데, 기초가 쌓여있지 않은 우리 같은 경우에는 초반에 조금 힘들어서 많이들 포기한다. 하지만 포기하기에는 너무 큰 가치를 가지고 있는 과목이다. 따라서 수학부터 이야기해보자.

수학 : 기본서 단련과 다양한 기출문제 풀이

수학은 친해지기 힘들지만 내 편이 되면 가장 든든한 보험이다.

만약 수학의 정석과 같은 유명한 수학 문제집을 초반 부분인 행렬까지 풀었거나 또는 1차 방정식까지 풀었다면, 거기다 지금 낭신이 시기적으로 고등학교 2학년 2학기를 지나고 있다면 나의 고등학교 상황과 동일한 위치에 있다. 다시 말해 정신 똑바로 차리고 수학 문제집을 처음부터 끝까지 풀어본 적이 없는 상황이라는 것이다. 여기서는 학교에서 일방적으로 진도를 나가는 교과서나 보조 교재는 제외하고 이야기한다.

공식을 대입해야 하는데 어디에 어떻게 대입하라는 것인지 모르겠고, 방정식 그래프로 무슨 문제를 풀겠다는 것인지 모르겠다면 일단 여기 가이드라인을 참고하는 것이 좋겠다.

우선, 수학 학원을 하나 다녀라. 사실은 EBS 강의로도 대체할 수 있지만 시기가 1년밖에 남지 않았다면 상당히 급한 실정이다. 진짜 입시를 위한 강의와 지도를 전문으로 하시는 선생님과 이야기를 나누는 것이 좋고, 웬만하면 주변에 공부 잘하는 친구가 다니는 곳으로 가는 것을 권장한다. 무엇보다 수능 입시를 위주로 하는 학원으로 가야한다.

나는 다른 과목은 학원을 다니지 않았다. 그렇지만 수학만큼은 문제에 접근하는 방법 자체를 모르면 해설지를 봐도 이해가 안 되기 때문에 강의가 필요했다.

학원을 많이 다닐 필요는 전혀 없다. 물어보는 문제에 대해 정확히 내가 무엇을 모르는지 파악하고, 접근 방법을 전달해주는 수능 입시 수학의 프로 강사님 한 명이면 된다. 사실 여러 학원을 다녀봐야 왔다 갔다 하면서 시간만 더 낭비된다. 이 수학 학원도 몇몇 접근법을 배우고 나면 곧 그만두어야 한다. 길어야 2, 3개월? 단, 3학년 초까지 진도를 끝낼 수 있도록 하는 학원이어야 한다.

입시 학원이라면 행렬부터 통계까지 쭉 진행하기보다는 시험에 많이 나오는 내용을 위주로 순식간에 진행하거나, 일정 시간이 지나고 나면 아예 교재 자체가 수능 기출문제집일 가능성이 크다. 또 그런 학원이 더 낫다. 왜냐하면 이제 남은 두 번의 방학에 '기본서 세 번 풀기'와 '기출문제 무제한 풀기'를 해야 하기 때문에 학원을 다닐 만한 시간적 여유가 없기 때문이다.

계속해서 강조하지만 **당신은 지금 '수학'을 '공부'하는 것이 아니라, '수능의 수학 시험'을 '공략'하는 것이다.** 수학 공부는 사관학교에 가면 싫어도 하게 될 것이다. 그런 진정한 학문의 세계를 위해서 대학에 진학하는 것 아니겠는가?

어쨌든, 시험에 대한 접근법을 알고 나면 그 후에는 EBS와 수능 기출문제 풀이만 주야장천 해도 된다.

학원을 결정할 때 참고할 조건인 '공부 잘하는 친구'는 웬만하면 학급 친구이자 성격이 좋은 친구가 좋다. 왜냐하면 같은 학원을 다니는 것을 계기로 가끔씩 진짜 모르는 문제가 나왔을 때 학교에서도 물어볼 수 있기 때문이다.

무언가를 배우는 것은 비싸다. 특히 수험생에게 문제 풀이를 가르쳐 주는 것은 쉬운 일이 아니다. 그러니까 그 친구를 존중해주고 혹시 가능하면 간식이라도 사주자. 또, 문제를 풀어주고 가르쳐 주는 친구의 경우에는 그 문제를 양분 삼아서 스스로 실력을 키우는 경우가 많다. 그러니 당신이 실력이 올라가서 문제 풀이를 물어보는 친구들이 생긴다면 귀찮아하지 말고 한번 풀어주자. 잘 풀리면 당신은 아는 것을 더욱 확실하게 정리할 수 있는 기회를 가질 수 있는 것이고, 모르는 문제라면 고맙게도 그 친구 덕분에 실력을 한 단계 더 키울 수 있게 되는 것이니까.

공부 방법 중에는 '가르치기'가 있다고 하는데, 남에게 알기 쉽게 설명하는 그 자체가 꽤나 공부가 된다고 한다.

통상적으로 공부를 할 때에는 예습보다 복습이 중요하다고 하는데 지금 막 수능 준비를 시작해서 수학 학원에 등록하고 공부를 하는 이 경우에는 예외다. 예습이 백 퍼센트 더 중요하다. 복습도 중요하지만 이것은 못 풀었던 문제에 국한된다.

학원에서 진도 나가기 전에 반드시 문제를 풀어보고 가라. 어쩌면 풀어오라고 숙제를 내줄지도 모른다. 그러면 더 좋고. 풀리든 안 풀리든 무조건 풀어봐라. 학원은 같이 풀어보는 개념이 아니라 친절한 3D 해설지에 불과하다.

결국 공부는 자신이 하는 것이다. 하지만 쉽지 않을 것이다. 당연하다. 남들은 중학교 고등학교 합해 4~5년을 차근차근 기초를 쌓아올리며 공부하는 습관을 길러왔는데 우리는 벼락치기로 따라 잡으려 하니 그게 쉽겠나? 아무리 풀어도 안 풀리고 해설지를 봐도 무슨 말인지조차 모르는 문제가 태반일 것이다. 그 문제를 그대로 기록하고 학원에 가자. 학원 강사님은 이런 이야기를 자주 하실 거다.

"잘 안 보이는 문제니깐 숫자를 대입해 봅시다." 또는 "일단 그래프를 그려봅시다." 등등. 그리고 능숙하게 풀어낼 것이다.

그게 당신이 지금까지 수포자였던 가장 큰 이유이고 이것이 수학의 물꼬를 트는 방법이다. 바로 그동안 보이지 않았던 '접근법'을 연습하고 있는 것이다.

그렇게 문제집 한 권 정도를 풀고 나면 어떻게 푸는지 스스로도 접근법이 보일 것이다. 물론 이 단계에서 학교에서 교과서 외 보조 교재로 사용하고 있는 다른 문제집들도 계속해서 같이 풀면서 익혀야 한다.

게임도 그렇지 않은가? 일정한 레벨이 되어서 특별한 스킬을 익히고 나면 훨씬 잘 풀린다. 이 경우에는 수학 시험에 다수 출제되는 문제들의 접근법이 그 스킬이 될 것이다. 게임에서 기본 공격에서 새로운 타격을 익히면 더 많은 적들을 빨리 잡을 수 있는 것과 같이 접근법을 익히고 연습할수록 더 많은 문제들을 빨리 풀 수 있고, 그것은 오롯이 당신의 레벨을 올려주는 경험치가 된다.

지금까지 게임 캐릭터에게 마우스로 시켰던 노가다를 당신이 하는 것일 뿐 똑같다. 내 기준으로 보자면 한두 달이면 학원에서 간단한 교재 한 권 정도는 돌파할 것이다. 이때 당신이 예습만 똑바로 하고 안 풀리는 문제를 확인해서 오롯이 스스로의 것으로 만들었다고 하면, 마치 지금까지 라이트닝 볼트*만 있다가 이제는 체인 라이트닝*이 생긴 것과 같다고 할 수 있다.

무자비하게 공략해서 경험치를 쌓자. 전격계열이 아니라면 화이어

- 마법 스킬 중에서 가장 기본적인 볼트 마법의 일종.(나무위키 참조)
- 연쇄 번개. 연쇄 전격 정도로 번역됨. 라이트닝 볼트의 상위 주문 정도.(나무위키 참조)

볼 정도로 생각하자. 전공이 전기전자라 마법 주문은 전격계열을 먼저 떠 올리는 저자의 미흡한 상상력이 죄송하다. 하지만 딱 저 정도의 능력 차이가 발생한다.

나는 학원 가입과 동시에 기본서로 '개념원리 수학'을 샀다. 요즘은 더 좋은 것이 있을지도 모르니 똑같이 따라하는 것은 금물이다.

문제집을 고르는 기본은 수능에 나오는 모든 단원이 순서대로 들어있고, 단원을 시작할 때 예제 문제가, 단원이 끝날 때 넉넉한 연습 문제들이 있으면 된다. 중요한 것은 내가 응시할 수능 수학의 전체 진도의 내용이 담겨 있어야 하고, 개념 설명과 연습 문제, 실전 문제 등으로 나누어져 있는 것이 좋다.

수학뿐 아니라 모든 문제집을 푸는 공통된 사항인데, 차례를 꼭 보고 매일의 진도를 정해라. 나는 항상 차례를 뜯어서 집 책상 앞에 붙여놓았다. 그래서 이 정도 속도와 단원이면 언제까지 다 볼 수 있겠구나 하며 자신의 위치를 수시로 확인하면서, 처음부터 끝까지 예제 문제에서 연습 문제까지 세 번 풀어라.

여기서 세 번 풀라는 것은 일단 두 번은 진짜 모든 문제를 꼼꼼하게 푸는 것이고, 세 번째는 풀다가 항상 잘 안 풀리던 것들 위주로 풀면 된다. 너무 뻔한 문제나 설명은 좀 빨리 넘어가도 된다는 것이다.

기한은 40일이다. 사실 처음 풀 때는 전체 기한의 절반인 20일을 넘길 수도 있는데, 그 이후는 기하급수적으로 시간이 줄어든다. 시작할 때가 가장 힘든 것이니 꼭 참고 해보자.

　나의 경우에는 2학년 겨울과 3학년 여름 방학 동안에 각각 세 번씩 풀었다. 그러니까 수능 전 방학 때만 총 6번을 푼 것이다. 미리 이야기하자면 수능 전에 이 기본서는 총 9번 풀 예정이다.

　세 번까지 푸는 40일의 마지막 기한이 다가오면 아예 접근이 불가능한 문제가 거의 나오지 않을 수 있다. 그렇다면 학원은 이제 그만 다녀도 된다.

　지금부터는 학교의 교재와 기출문제, 그리고 기본서다. 말이 쉬워 세 번 풀기지 다른 학업도 있어 쉬운 일은 아니다. 나 같은 경우에는 학교 수업 시간이나 중간고사 기간 일부를 제외하고는 수학 공부만 했던 것 같다. 한두 시간의 영어 공부를 제외하고는 거의.

　이 단계를 성공적으로 해낸다면 모의고사나 수능 기출문제에서 100점 만점에 약 80점은 나올 것이다. 나의 경우 3학년 여름을 지나고 나니 수학은 난이도 높은 두세 문제를 제외하고는 고정적으로 모두 맞출 수 있었다. 그리고 이후 기출문제를 무한히 풀면서 고난이도 문제와 일반 문제의 푸는 속도를 높여서 시험에서는 많이 틀려도 한 개 이상은 틀리지 않게 되었다.

　이 방법이 좋은 이유는, 고등학교 2학년 때까지 나보다 수학을 훨씬 잘하던 친구가 오히려 나보다 점수 변동도 크고, 3학년 가을부터는 나보다 성적이 점차 처지는 것을 보았기 때문이다. 개념을 기초부터 단단하게 다지고 기출문제를 많이 풀면서 실수를 줄이고, 그 다음 빨리 푸는 연습을 해야 하는데, 공부를 잘하는 경우에는 기본서를 보는 것에 이미 질려있고, 기본서로 큰 성과가 보이지 않으니까 마음이 급해서 기출문제 풀기에만 집중한 탓이 아닐까 싶다.

무술 만화에 보면 처음에는 체력단련만 지겹도록 시키지 않는가. 개념을 포함한 문제집을 단단히 내 것으로 만드는 과정은 운동 분야로 치자면 기초 체력 같은 것이다.

그렇게 수학을 내 것으로 만들고 나면 당신은 지금 수능 시험이라는 보스를 공략하기 위해서 사용할 수 있는 최고의 스킬을 획득했다고 말할 수 있다. 수학은 어지간하면 점수가 떨어지지 않는 과목이기 때문이다.

슬슬 마음 한쪽에서 '어라? 재밌는데?'라는 생각이 들기도 할 것이다. 여기까지가 건설 단계였다면 다음부터는 관리 단계로 들어가야 하니 점수가 잘 나온다고 해서 수학을 놓아서는 안 된다. 다른 과목을 공부할 시간을 가지면서 하루 두세 시간 꾸준히 문제집을 풀면 된다. 이건 체인 라이트닝이 아니라 썬더스톰*이나 메테오* 클래스의 주문을 습득한 것과 같다. 하지만 이 단계가 언제 올지 모르기

- 게임 시 사용하는 스킬 유형.
- 보통 지구 밖에 떠돌아다니는 운석을 불러와 떨어뜨리는 마법으로 막강한 위력을 가진 마법으로 묘사됨.(나무위키)

때문에 고등학교 2학년 겨울방학 때는 성실하고 꿋꿋하게 공부하자. 나는 겨우 해냈지만 나보다 머리 좋고 요령이 좋은 친구라면 그 전에 이 과정을 모두 마칠 수도 있을 것이다. 그러면 다음 단계로 먼저 들어가면 된다.

2학년 겨울방학을 지나 3학년 1학기가 시작되었다면 지금부터는 썬더스톰 주문의 위력을 향상시키는 단계다.

수학의 기본서와 EBS 국영수 교재를 함께 진행한다.

EBS 수학은(실제로는 국, 영 포함) 1회, 기본서는 3회 풀어보자. 언제까지? 사관학교 1차 시험 1~2주 전까지.

사관학교 1차 시험을 6월로 잡으면 기본서는 두 달에 한 번, EBS는 진도대로 나가면 된다. 이때 수학 기본서 푸는 것도 문제지만 국영수 EBS 교재를 모두 들고 푸는 것도 문제다. 두꺼운 책만큼이나 문제도 많아서 짜증스러울 것이다.

이때는 정직하게 모든 단원을 다 풀어볼 필요는 없다. 앞 단계에서 수학에 80%(15%는 영어, 5%는 국어)를 집중했다면 이제는 수학의 비중을 60% 정도로 낮추고 영어와 국어를 20%씩 할애해주어도 된다.

그리고 모의고사나 수능 기출문제를 풀어보자. 최소 수학은 2등급이나 3등급 상위에 위치해 있을 것이다. 이 기본서를 푸는 시기에 기출문제를 아주 놓으라는 이야기는 아니다. 어느 정도 수학의 접근법이 잡히기 시작하면 학교 부교재 문제가 쑥쑥 풀리기 시작할 것이다. 선생님께는 미안하지만 수업 시간에 수업을 안 듣고 문제집에 집중했던 유일한 시간이 수학 시간이었다.

특별 훈련을 통해서 강해진 당신에게 평균적인 수학의 진도와 해설은 사실 적합하지 않다. 아니 그보다 '수학 수업'이라는 것은 사실 큰 의미가 없다. 자기가 풀지 않으면 거의 의미가 없기 때문이다.

일반적인 학교 수업 진행 방식이라면 선생님께서 설명을 하시면서 문제를 푸실 것이다. 이 때 먼저 문제를 풀어버려라. 거듭 강조하지만 선생님이 푸시는 걸 보는 것은 아무 도움이 안 된다. 당신이 풀어야 한다. 그것이 가장 중요하다. 그리고 풀리면 다음 문제로 넘어간다. 그러다가 못 푸는 문제가 나오면 표시해뒀다가 선생님의 해설을 듣거나 놓치면 나중에 따로 여쭈어보러 가면 된다.

그렇게 학교 진도보다 빨리빨리 진도를 나가면서 안 풀리는 문제들을 다시 풀어 틈새 시간을 십분 활용하여 실력을 다진다.

명심하자. 기본서를 풀고 EBS를 듣고 하는 것들은 학교 수업과는 별개다. 자율 학습 시간에 하는 것이다.

이렇게 공부를 진행하는 과정 중에 사관학교 1차 시험 시즌이 될 것이고, 고맙게도 인터넷 여기저기에 기출문제들이 무료로 잘 올라와 있을 것이다.

한 1~2주일쯤 남았을까? 슬슬 풀어야할 문제가 고갈되기 시작할 것이다. 이때 사관학교 1차 시험 문제는 좋은 에너지원이다.

지금부터는 풀고 풀고 또 푸는 단계이다. 기출문제라는 기출문제는 다 풀어봐라. 2학년 때의 당신과 지금은 전혀 다른 사람이 되어 있을 것이다. 길쭉하고 두툼한 수능 기출문제집을 한 권 사도 며칠이면 이미 당신의 연필이 남긴 빽빽한 풀이로 가득 차서 또 사야할 것이다.

지금은 수업 시간에도 1차 시험 준비를 좀 해야 한다. 선생님께는 죄송하지만 수학 수업 시간에도 기회가 닿는다면 선생님의 강의가 아니라 당신 개인의 스케줄에 맞추어서 풀어라. 혹시 수업 교재가 아니라 기출문제를 풀다가 선생님께 걸리더라도 사관학교 홍보 자료를 책상에 붙이고 사관학교 1차 시험 기출문제집을 몰래 풀고 있다면 그 모습이 밉지만은 않을 것이다. 그런 1~2주 정도의 일탈쯤은 봐주실 것이다. 물론 너무 결례가 되지 않는 선에서 잘하자.

성적표를 보면서 이제 국어와 영어도 신경 쓰면서 계속 반복하면 된다. 그리고 사관학교 1차 시험을 맞이하면 된다.

'무한 기출문제 풀이'는 사실 수능 전까지 계속해야 하는데 무한 풀이 중 잠깐 멈춰서 다시 해야 하는 것이 있다. 바로 고등학교 3학년 여름방학에 2학년 겨울방학 때 했던 그것을 반복한다. 즉 '기본서 세 번 풀기'를 말하는 것이다.

방법은 똑같은데 기한은 방학 끝까지. 물론 이때 수학만 하는 것은 아니며 영어도 고난의 행군을 하고 있을 것이다. 이는 영어에서 다시 이야기할 예정이다.

기본서 과정을 종료하고 나면 다시 길쭉한 기출문제집을 풀기 시작하면 된다.

다시금 풀기 시작하는 '무한 기출문제 풀이'를 진행하면서 3학년 가을 전국 수능 모의고사를 맞이해보자. 아마 9월쯤 될 것이다. 이때 성적표에 최소한 2등급은 확실할 것이다. 사실은 거의 1등급이라고 보면 된다. 9월 전에도 여러 시험을 풀다 보면 이미 1등급인 경우도 종종 만나게 될 것이다. 나는 이 시점에서 두 문제 정도만 살짝 애매했고, 한 문제 이상은 틀리지 않았다.

마지막 모의고사는 아마 10월인데 이때는 웬만하면 1등급이 될 것이다. 설령 그렇지 않다 해도 계속 풀다 보면 수능에서는 1등급이 될 것이다.

나는 특별히 머리가 좋지도 않고 다른 사람은 따라할 수 없는 비결이 있는 것도 아니었다. **그냥 멈추지 않았다. 꾸준히 즐겨라. 수학은 내가 포기하지 않으면 수학도 나를 포기하지 않는 충직한 과목이다.** 왜냐하면 시험의 난이도가 달라지는 경우에 다른 과목은 점수대의 변동폭이 큰데 수학은 그렇지가 않다. 따라서 시험이 어렵게 나오는 경우에는 수포자와 그렇지 않은 사람들의 갭이 몹시 커진다. 다만 초반 투자가 커서 포기하고 싶은 욕망이 꽤 클 뿐이다. 그 점이 오히려 우리에게는 강점으로 작용할 수 있다.

수학은 절대로 포기하지 말자.

수학에 있어서 학교 선생님들도 존경하지만 2003년 2~3개월의 짧은 기간이지만 내게 수학을 가르쳐 주셨던 지방의 조그만 수학 학원 선생님을 첫째로 존경한다. 그분이 말씀하셨던 두 가지가 있었는데 적어도 수학 공부에서만큼은 확실히 진리에 가깝다고 생각한다.

첫째, 연습하면 나아지는 게 당연하다. 문제를 풀고 또 풀다 보면 반드시 실력은 향상될 수밖에 없다. 수학이라는 과목이 범위가 넓기 때문에 무언가를 맞추면 다른 하나를 틀리는 등 어쩔 수 없이 성적에 정체 기간을 가지게 된다. 하지만 이때 포기하지 않고 꾸준히 연습한다면 계단식으로 어느 순간 성적은 올라갈 수밖에 없다.

둘째, 공부는 자신이 하는 것이다. 직접 문제를 풀어보지 않고 학원이나 학교에 앉아서 문제를 풀어주는 것을 보고 '아, 이해했어.' 한다면 절대 실력은 향상되지 않는다. 반드시 미리 문제를 풀어보고 모르는 부분을 선생님이나 강사님의 풀이를 보며 확인해야 한다. 수업을 들으러 가는 것은 팁을 얻으러 가는 과정이고, 그렇게 얻은 팁을 복습을 통해서 내 것으로 만드는 과정이지 눈으로 따라간다고 해서 실력은 오르지 않는다.

그래서 그 학원 선생님은 학원에 오는 것도 크게 강조하지 않으셨다. 접근법이 보이면 집으로 가서 스스로 더 많은 문제를 푸는데 시간을 투자하는 것이 좋다고 하셨고, 나도 접근법이 느껴졌을 때 과감하게 학원을 그만두었다. 물론 그랬기 때문에 학원 수입이 넉넉하지는 않았던 것 같다. 안타까운 일이다.

자, 그리고 수학 시험을 칠 때의 실전 팁! 시험 문제 풀이의 각오라고 해도 좋겠다.

두 문제 이상은 뛰어넘지 않도록 하자.

시험 문제를 풀다 보면 초반 쉬운 문제에서 후반으로 갈수록 좀 어려워진다. 이때 초반 또는 중반에 풀기 힘든 문제가 나올 때가 있다. 이때 한두 문제 정도는 그럴 수 있는데 그 이상 뛰어넘게 되면 스스로 힘들어진다. 뒤의 난이도 높은 문제들을 풀 때 시간을 많이 투자해야 한다는 마음에 조급해져서 풀 수 있는 문제인데도 안 보여서 패스해 버리는 경우가 생긴다.

그렇게 여러 문제를 건너뛰면 후반부 문제들조차도 성급하게 풀다가 무언가 실수해버리게 된다. 그러니까 당신이 3등급 이하라면 어차피 공부해 나가야 하는 단계이므로 어지간하면 앞에서부터 차근차근 풀고, 1등급이라면 어차피 만점을 목표로 해야 하므로 정말 아닌 문제 한두 문제를 제외하고는 또 앞에서부터 차근차근 풀자.

다만, 컨디션에 따라서 초반부터 안 풀릴 수 있는데 이때는 중반부 문제들을 풀다 다시 보면 뭔가 떠오를 수 있다. 최대한 건너뛰지 않고 문제 푸는 연습을 모의고사 때부터 꾸준히 해야 한다. 이것은 나중에 시험 칠 때 멘탈 관리 분야에서 다시 언급하겠다.

결론적으로 고등학교 2학년 2학기 때부터 시작해서 수학 성적을 관리하는 방법은 첫째, 2학년 수학 학원 등록과 동시에 겨울방학을 이용해 기본서 세 번 풀기. 개학 후 EBS 1회, 기본서 다시 세 번 풀기, 학교 수업 교재와 부교재 풀기. 이때 접근 방법이 보이면 학원은 언제든지 그만둬도 좋다.

　사관학교 1차 시험 전 기출문제 가능한 많이 풀기. 1차 시험 후 수능 기출문제 무한 풀기.

　3학년 여름방학 때 기본서 3번 풀기. 다시 수능 때까지 기출문제 무한 풀기 순이다.

　개인적으로는 기출문제 무한 풀기보다는 기본서를 짧은 기간 동안 세 번 풀기가 더 어려웠지만, 결과적으로는 그것이 더 단단한 성적을 보장받게 해준 것으로 생각된다.

영어 : 기본서 우려내기와 흘깃 보기의 숙달

영어는 참 서술하기 민망하다. 내 모자란 영어 실력 때문이기도 하지만 최근에는 조기 교육을 받은 사람들이 많아서 잘하는 중·고등학생은 거의 원어민 수준이기 때문이다.

여기서는 조기 교육은커녕 진지하게 학교 교육조차 제대로 들어보지 않은 학생들을 위해 진행해본다. 수능 영어도 역시 시험 공략 방법으로 충분히 1등급을 노릴 수 있다.

수학과 영어의 접근법이 좀 대조된다.

수학은 푼 문제의 양으로 경험치를 획득하는, 다양한 필드를 뛰어서 능력을 향상시키는 게임이라면, 영어는 같은 던전을 반복해서 돌아야 하는 게임에 가깝다.

그러니까 수학은 수많은 기출문제 풀이가 중요한데, 영어는 한 문제집을 완벽하게 파악하는 것이 더 중요하다는 것이다. 앞서 수학 부분에서 언급했던 한 달에 '수학 기본서 세 번 풀기'를 수능이 오는 그날까지 반복하는 것과 같다. 그 이유는, 영어는 단어의 조합이므로 출제자가 난이도를 어떻게 선정하든지 간에 고등학교 수준의 단어 선에서 공략이 가능하기 때문이다. 즉 고등학교 수준의 단어, 문장, 듣기, 문법을 머릿속에 완전히 넣는 것이 중요하다. 이는 수능 영어 문제를 출제하는 방법을 보면 알 수 있다.

흔히들 오해하고 있는데, 영어 문제의 지문은 토종 한국인 출제자가 처음부터 끝까지 만드는 경우는 거의 없다. 원래 있는 영어권 국가의 도서, 신문 등의 지문을 수정해서 출제한다. 수정하는 이유는 문제를 복잡하게 만들려는 것이 아니라 고교생 수준에 적합한 단어로 교체하는 정도의 수정이다. 그러니까 아무리 난이도가 높다고 해도 말도 안 되는 것이 나오지는 않는다는 말이다. 어느 정도 숙달이 되면 단어 몇 개를 건너뛰어도 독해가 가능하고, 또 일부러 그러라고 내는 문제도 있다.

수학도 그렇지 않을까? 고등학교 수준의 방정식, 미적분 등을 머릿속에 완전히 넣는 것 아닐까? 원래 공부 잘하는 학생들은 그럴 수도 있을 것 같은데 나처럼 제로에서 시작하는 경우에는 수학이 영어에 비해서 좀 더 많은 단원으로 더 넓게 분할되어 있어서 공략법도 나눌 수밖에 없는 것 같다. 즉 영어가 듣기, 문법, 독해로 크게 나눌수 있다면 수학은 이것보다 좀 더 다양한 그룹과 유형을 공부해야 하기 때문에 더 익혀야 할 기출문제들이 많았던 것 같다.

수능 영어는 거의 독해가 대부분이라고 할 수 있는데, 듣기평가의 스 크립트를 포함해서, 최소한 문제집 한 권의 내용 정도는 완벽히 자신의 것으로 만들어야 한다.

사실 나는 영어 듣기가 지금도 약한데, 여러 스크립트를 익히다 보 면 '이 녀석이 어떤 답변을 하겠구나', 또는 '이 문제는 이 단어가 묘하 게 강조되는 함정이겠구나' 하는 감이 오게 된다. 특히 영어는 잘해 두면 나중에도 유용하고, 공부하다 보면 지문이 재미있어지기 시작 할 때가 있는데 그때의 주의 사항은 조금 있다가 기술하겠다.

일단 공부법이다. 문제집을 단 한 권만 사라. 단원별로 제일 앞쪽 에 설명이 있고, 뒤쪽에 예제가 가득한 구조가 좋을 것이다. 수학 문 제집을 골랐던 것과 비슷한 요령이라고 보면 된다. 학교의 교재와 EBS 교재를 제외하면 이 한 권이 당신이 사관학교 1차 시험 때까지 세 번 정도 반복해서 풀어볼 문제집이다. 그렇다고 군이 세 번일 필 요는 없다. 수학과 달리 횟수에 연연할 필요는 없는 게, 수학은 문제 를 반복해서 풀다 보면 문제를 보기만 해도 답과 풀이가 먼저 생각 나는 단계가 온다. 똑똑한 사람은 더 빠르겠지만 나름 대한민국 평균 두뇌를 가졌다고 자부하는 나의 경우에는 2~3회를 반복해야 어느 정도 그랬다.

하지만 영어는 지문이 익숙하더라도 문장 하나하나를 보다 보면 해석이 또 막히거나 단어를 잊거나 하기 때문에 가능한 한 많이 풀면 된다. 이후에 지문이 다 외워져서 문제집으로서의 가치가 떨어졌을 때 학교에서 사용하는 교재 중 적당한 것 하나를 골라서 또 반복하면 된다. 연습할 때는 답을 고르는 것보다 해설과 같이 정확한 독해를 하는 것이 훨씬 중요하다. 그렇다고 해서 독해의 핵심인 빨리 풀기를 포기할 수도 없다. 결국 빠르고도 정확한 독해의 능력을 갖추는 연습을 해야 한다. 이게 핵심이다.

그래서 한 문제를 풀 때는 두 번 풀어야 한다. 이것은 나중에 소개할 스킬인데 '흘깃 보기'로 한 번 빠르게 풀고 답을 확인한다. 그리고 답이 맞든 틀리든 '꼼꼼히 풀기'로 독해를 정확하게 한다. 시간이 얼마나 걸리든 학교에서 선생님께서 가르치시는 것 같이 샤프로 딱딱 문장을 나누고 나누어서 해설과 똑같이 푸는 연습을 한다. 그리고 여기서 오답 노트와 단어장을 정리하고, 단어의 유사어와 동의어도 같이 정리한다.

사실 실제적인 문제 풀이는 두 번이지만 한 지문에 대해서 빠르게 정답을 고르는 방법으로 한 번, 꼼꼼하게 해설지와 같이 풀이하는 방법으로 한 번, 단어와 문장을 단어장으로 정리하는 단계에서 또 한 번 해서 세 번 푹 우려내는 과정이다. 이게 별것 아닌 것 같지만 엄청나게 지루하고 스트레스 받는 공부 방법이다. 문장 하나를 해석하다 보면 해석과 다를 때마다 짜증이 솟구치고, 알았던 단어인데도 잊어버려 또다시 단어장에 적어야 할 때 그 자괴감이란 어마어마하다. 그러니 문제집이 많아봐야 이런 식으로 하면 어차피 수능 때까지 다 풀지 못한다. 수학에 비해서 금전적인 투자가 적으니 해볼 만하다 싶지만, 나 같은 경우에는 가장 싫은 시간이었다.

수학을 고등학교 2학년 2학기 겨울에 시작했다면, 3학년 1~2월까지 아직 영어를 못 잡고 있을 것이다. 수학에서 길이 보이기 시작할 때 영어를 시작하면 늦을 수 있기 때문에 수학 기본서 세 번 풀기 중 1회를 다했다면 영어도 하루 두 시간 정도를 할애하는 것이 좋다.

영어 문제집 한 권을 우려내고 또 우려내자. 계속해서 반복한다. 그런데 한 권을 다 보는데 가능한 한 달이나 최대 두 달 안에 다 보자. 이 한두 달이라는 주기가 의외로 중요한데, 가능하면 주기가 짧은 것이 좋다. 앞서 수학을 공부할 때에도 짧은 시간에 많은 단원을 푼 것과 같이 영어도 마찬가지다.

여기에는 나름 깊은 뜻이 있다.

성적이 오를 때 직선이 아니라 계단형 그래프를 그린다는 말을 들은 적이 있을 것이다. 정확히 나의 경우도 그런 그래프로 성적이 올랐는데, 왜 그럴까 나름대로 분석해보니 이렇다.

어떤 유형, 어떤 범위를 얼마나 소화시켰는지의 결과 때문이다. 예를 들어 한 과목의 시험 점수가 A, B, C, D, E의 총 5개의 유형으로 각각 20점씩 총합 100점으로 구성된다고 하자.

대다수 학생들은 초반에 나오는 쉬운 A, B 유형의 문제를 자기 것으로 만들다가 좀 더 어려운 C, D형 문제가 포함된 단원으로 넘어가는데 어렵다 보니 습득하는데 시간이 걸린다. 이때 더 이상 진도 나가기를 포기하는 사람들은 A, B형만 풀 수 있어서 최대 40점을 받게 된다. 즉 풀고 싶은 것만 풀면 성적이 그대로라는 것이다. 통상 아예 과목에 대한 의지를 놓거나 A나 B 정도만 어느 정도 익힌 사람들이 수포자에 해당한다.

반면에 포기하지 않고 공부하는 사람들은 C, D까지 익힌다. 다만 그 익히는 기간 중 A의 일부가 상실되어 A의 20점 중에 10점을 놓치고 50점 정도를 받게 된다. 또 A, B, C를 공부하다 보면 D의 일부가 상실되어 또 50점 정도를 받게 된다. 40점에서 50점으로는 올렸는데, 50점대에서 계속해서 머무르게 되는 것이다.

대다수 학생들이 이 정체기에 힘들어서 수학을 포기하며, 노력하는 학생들도 어느 정도 답보를 하게 된다. 이 과정을 되풀이하다가 마침내 어느 정도 뛰어넘으면 60점 정도를 받게 된다. 긴 정체기 끝에 10점이라는 얕은 계단을 오르는 것이다. 노력에 비해서 성과가 적은 셈이다.

또다시 A~D를 보면서 많은 시간을 투자하면, 운이 좋다면 80점 정도가 최대치가 된다. 이것은 시간 투자가 많고, 계단의 높이가 좀 낮은, 한계가 분명한 계단식 그래프라고 하겠다.

그래서 중요한 것은 전체 과목을 잊기 전에 빠르게 머릿속에 쑤셔

넣는 것이다. 그래서 영어는 한 달에 한 번 이상, 수학의 경우도 기본서를 한 달에 두세 번씩 푸는 과정을 권하는 것이다.

우리가 선택한 문제집은 A에서 E까지 폭넓게 구성되어 있다. 따라서 제안하는 방법은 A를 익히고 더 잊기 전에 E까지 계속해서 훑으면서 익히기 힘든 C, D를 자주 출제되는 기출문제 같은 것으로 추가 보완하는 것이다. 후자의 경우 앞서 언급했던 사람들과 같은 공부 시간을 갖지만 그 밀도는 다르다. 당연히 훨씬 괴롭고 짜증스럽다. 하지만 A에서 E를 모두 보게 되면서 100점까지 노릴 수도 있다. 이렇게 했더니 나는 후반부 모의고사와 수능에서 국영수는 거의 만점을 받았다. 따라서 짧은 시간에 최대한 많이 훑어보는 것이 중요하다.

하지만 이렇게 하려고 너무 얇은 문제집을 사면 아무래도 오르는 계단의 폭이 얄팍해질 것이다. 그 단원을 충분히 소화할 만큼의 문제가 들어있지 않기 때문이다.

그러므로 예전부터 선생님과 선배님들께서 꾸준히 추천해온 명작 문제집을 골라야 한다. 정 모르겠으면 선생님께 "제가 수능 때까지 여러 번 볼 기본서를 고르는데 어떤 게 좋을까요? 연습 문제도 넉넉하게 있었으면 좋겠어요." 하면 열과 성을 다해서 말씀해주실 것이다. 이러한 관계를 위해서 책상에 홍보 책자를 붙이고 항상 예의 바르고 존중하는 태도를 가지라는 것이다. 예의도 연습이고 습관이므로 나중에 반드시 중요한 요소로 다가온다.

예의 바른 태도는 몸에 배게 되면 나중에 자연스러워지는데 사회생활 중에 필요해서 갑자기 익히려 하면 '아부'나 '가식'으로 보일 수 있다. 어차피 익혀야 할 것이면 지금부터 익혀놓자. 수능 공부도 하면서 사회생활 공부도 할 수 있으니 얼마나 좋은가?

영어에 대해서 여러 가지 의견이 있을 수 있지만 나는 수능 영어는 역시 독해 능력이라고 생각한다. 초보자의 경우 우선 글을 읽을 수 있는 단어와 기본 문장을 익숙하게 해야만 듣기든 뭐든 된다.

독해는 일단 '흘깃 보기'와 '문제 먼저 보기'를 익히는 것이 굉장히 중요하다. 이것은 국어에서도 해당되는 내용이니 여기에서 좀 자세히 설명하고자 한다. 사실 앞에서 한 지문을 세 번 우려내는 연습은 이것을 위한 것이기도 하다.

대부분의 독해 문제는 지문이 하나 있다면, 질문에 답이 되는 핵심적인 문장은 통상 한두 문장에 불과하다. 그 문장을 짧은 시간에 정확하게 찾는 연습을 해야 한다.

앞서 영어 공부를 할 때 해설지와 같은 정확한 독해를 위해 많은 시간을 투자하라고 했는데, 문제집을 풀 때에는 먼저 문제를 보고 '흘깃 보기'를 써서 정답을 고르는 연습을 한 이후에 지문을 꼼꼼하게 씹어 먹어야 한다.

흘깃 보기라는 것은 지문에서 문제의 답이 되는 문장을 빠르게 훑어보고 추출해내는 방법인데, 통상 지문의 제일 첫 문장과 마지막 문장의 느낌으로 어떠한 종류의 글인지를 파악한 뒤 전체 지문을 스윽 지나치면서 답이 되는 명확한 지문 속 문장을 고르는 것이다. 몇 번 연습하다 보면 감이 올 것이다. 이때의 마음가짐은 '핵심 문장을 빨리 찾아서 정답을 고르자, 서두르자.'라고 하겠다.

예를 들자면 문제와 지문을 보고 '이 단어가 뜻하는 게 무엇인지 묻는군. 지문 첫 문장을 보니 우주에 관한 정보 글이군.'이라고 파악한 뒤 두세 문장을 빠르게 훑으면서 '마지막 지문을 보니 특별한 게 없네. 문제에 나와 있는 블랙홀 관련한 문장은 세 번째 문장이군.' 하는 식으로 일종의 정독이 아닌 스캔하는 기술이다.

그리고 우선 뭐든지 문제를 먼저 봐야 한다. 이것은 특히 순서를 맞추는 문제나 빈칸을 채우는 문제에 유용하다.

물론 모든 지문은 무엇을 물어보는지부터 보는 것이 기본이긴 한데, 어느 정도 시험에 익숙해지면 굳이 뻔한 질문은 안 보는 게 시간을 아끼는 길이다. 그냥 이거 물어 보는 게 맞나 하고 '탁 보면' 된다. 이 '탁 본다'는 개념은 '흘깃 보기'를 더 대충하는 느낌인데 전체적인 뉘앙스를 한방에 탁 보는 것이다. 편지글인지 정보를 전달하는 글인지 나아가서 어떤 유형인지 익숙해지면 중요 단어나 먼저 봐야 하는 지문까지도 금세 눈에 들어온다.

물론 나중에 1등급이 고정적으로 나오는 실력이 되면 시험지 전체 지문 자체를 흘깃 보는데 전혀 시간이 부족하지 않을 것이다. 듣기평가를 하면서 굳이 뒷장 독해를 풀지 않더라도 말이다.

그리고 이 연습의 장점은 단순히 스킬로 끝나지 않고 다른 연습과 합쳐져서 전반적인 독해 속도를 올려준다는 것이다. 나 같은 경우도 영어를 6, 7등급에서 시작했지만 고등학교 3학년 가을쯤에는 모의고사를 풀 때 성적과 관계없이 영어 지문이 흥미로워서 끝까지 읽게 되었고, 전체 지문을 그냥 처음부터 끝까지 쭉 읽어도 시험 시간 내에 모두 풀고 마킹할 수 있게 되었다.

영어 지문을 읽는 것 자체가 재미있어지는 시점에서 주의 사항이 있다. 시험에서 지문에 빠지지 말라는 것이다. 문제를 푸는 데 집중하고 핵심을 찾아서 빨리 지나가야 하는데 새롭게 소개된 지문이 재밌다 보니 때때로 시험을 치고 있다는 것을 잊는 경우가 의외로 생긴다. 주객이 전도되지 않도록 주의하자.

영어 문제를 풀 때 준비 단계에서 중요한 것은 정답을 골랐다고 해서 그것으로 만족해서는 안 된다는 점이다. 그것은 수능에서나 할 일이고, 지금은 정답이든 아니든 한 문장씩 해설지와 일치하게 독해하였는지를 대조하고, 출제자의 의도를 파악해서 그 답을 골랐는지까지 확인해야 한다. 일정한 실력이 되고 나면 모의고사나 수능 영어에서 틀리는 것은 단순한 독해력의 문제가 아니라 맥락을 못 읽어 생긴 문제일 수 있다. 그러니 핵심적인, 아주 꼬아놓은 문장의 정확한 해석이나 출제자의 의도 파악까지 필요한 것이다. 그래야 출제자의 의도에 맞게 정답을 고를 수 있다.

이게 국어 영역과 상당히 비슷하다. 미리 언질을 주자면, 사관학교나 서울대학교에서 치는 텝스를 공부한다면 이 수능 영어를 좀 어렵게 해두었다는 느낌을 받을 것이다. 토익은 빠르고 정확한 독해력이 고득점으로 가는 길이라면 텝스는 출제자가 원하는 답을 골라내는 능력까지 갖추어야 고득점을 얻을 수 있다.

아마 이 과정으로 공부하면 한두 지문을 완벽히 분석하는데, 길이에 따라 조금씩은 다르겠지만, 거의 한 시간은 걸릴 것이다. 거기다 전에 봤는데 모르는 단어, 풀리지 않는 독해 등이 계속 나올 것이다. 미칠 것만 같고 재미없고 짜증스럽다. 그나마 조금 쉽게 읽기 위해서 학교 선생님들이 얘기해주신 끊어 읽기 등을 사용하면 조금은 낫다.

하지만 진도는 멀고, 한 문장 해석을 위해 십수 분을 투자하는 일이 비일비재해지면서 지치게 된다. 정말 익혀지는지도 의문스러워진다. 하지만 이 과정에서 내가 깨달은 진실은, 계속해서 반복하다 보면 우리의 뇌는 그걸 알아서 기억해둔다는 것이다. 당장은 자꾸 잊어도 한 번 더 보면 더 잘 기억된다.

흘깃 보는 연습으로 속도를 잡고, 해설지와 동일하게 지문을 독해하는 반복 훈련으로 정확도를 잡으면 의외로 수능 영어는 어렵지 않게 공략할 수 있다.

단어장을 만들자. 자신만의 단어장이 중요하다는 이야기는 많이 들었을 것이다. 오답 노트의 축소 버전인데, 공책 같은 것보다는 주머니에도 넣어서 다닐 수 있는 학교 앞 문방구 등에서 파는 손바닥 반만 한 단어장이 좋다. 링으로 연결 된 것. 틈날 때마다 쉽게 볼 수 있어야 하기 때문에 그렇다.

특히 단어장을 정리할 때에는 독해를 하면서 나왔던 모르는 단어에 대해 단순한 뜻만 기입하지 말고, 그 문장 전체를 기입하는 것이 좋다. 독해를 하다 보면 왜 이렇게 해설대로 독해가 안 되는지 스스로도 이해가 안 될 정도의 문장들도 만난다. 그것도 적자. 그러다 보면 단어장이라기보다 문장장에 더 가깝게 될 것이다. 그렇게 해서 틈날 때마다 본다. 틈이라는 것은 나중에 휴식에 대해서 말할 때 언급하겠다. 이건 사실 틈보다는 스케줄의 일부라고 할 수 있기 때문이다.

이렇게 단어장을 정리하다 보면 양이 엄청나게 많아진다. 또 틈날 때마다 보다 보면 문제집을 세 번 정도 풀었을 쯤에는 나오자마자 무슨 뜻인지 기억나서 패스하게 되는 단어나 문장들이 늘어갈 것이다. 그때마다 단어장의 링을 풀고 그 단어나 문장이 기입된 페이지를 빼내어 그것들끼리 모아놓자. 버리지는 말자. 매 모의고사 전에 다른 과목의 오답 노트와 함께 한번 봐야 되는 것이니까.

영영 사전을 사용하자. 물론 전자 사전도 있고 휴대폰도 있지만 나는 사전류를 종이책으로 보는 게 좋았다. 여러 가지 이유가 있지만 전자 사전으로 단어를 검색하는 행위 자체가 앉아서 연필로 시험지를 넘기며 공부하는 패턴에서 벗어나 집중력을 흐트렸기 때문이다. 원래 전자 기기를 사용해서 공부했던 학생은 큰 상관없을 것이다.

휴대폰을 꺼낸다?

이것은 일단 기본적으로 반대한다. 게임이나 인터넷이라도 켜는 순간 한두 시간은 금세 사라질 것이고, 그 시간이면 오늘 진도를 나가기로 한 소중한 시간이다.

오늘을 미루면 내일이 되고, 그것들이 모이면 수능 날이 된다. 한 시간 한 시간을 아껴 쓰자.

문제집을 서너 번 본 시점에 이르게 되면 영어와 담쌓던 시절에 비해서 상당히 영어를 보는 데 익숙해져 있을 것이다.

지금부터는 단어 자체의 뉘앙스까지 파악하기 위해서 영한사전이 아닌, 영영 사전을 가지고 공부를 하면 더욱 도움이 된다. 사실은 처음부터 영영 사전을 사용하는 것도 좋은데 나는 늦게야 알게 되었던 탓도 있다.

이 영영 사전은 우리의 국어사전과 같이 영어 단어를 영어로서 풀이해둔 것이기 때문에 보는 것 자체로도 문장과 문법들에 대해서 익숙해지게 되고, 그 문장에서 모르는 단어를 또 찾아서 자신의 단어로 만들 수 있다.

무엇보다 좋은 것은 영어로 표현된 동의어와 유사어를 한 번에 정리할 수 있는 것이다. 영영 사전을 펼쳐서 단어를 하나 찾으면 그 단어 밑에 같은 뜻을 가진 단어와 비슷한 뜻을 가진 단어가 나올 것이다. 이것들은 나중에 상당히 도움이 된다.

많은 수능 강사들이 말하기를 '어떻게 모든 단어를 알 수 있는가, 문맥으로 푸는 법을 알아야 한다.'라고 말씀하신다. 철저히 동의하고 나도 그렇게 공부했다.

하지만 1등급이나 최소 영어 영역에서 만점을 노리는 사람이라면 어느 정도 단어는 '씹어 먹겠다'라는 각오가 되어 있어야 한다.

가끔 한 단어 때문에 절대 풀 수 없는 문제가 나오기도 하는데, 예를 들면 문제가 아리송한데 골라야 하는 답이 모르는 단어가 포함된 짧은 문장으로 되어있는 경우가 그렇다. 단어집만 가지고 외우는 것은 시간적으로도 부족하고 효율적이지도 못하니, 문장으로서 많은 단어를 접하고 친절하게 설명도 되어있는 영영 사전을 활용하면 상당히 효율적으로 공부할 수 있다. 굳이 전설로 내려오는 어떤 선배님들처럼 영어 사전을 외우고 찢어 먹을 필요까지는 없다. 잘 쓰고 후배에게 물려주면 참 고마울 뿐이고….

문법!

미안하지만 나는 문법을 처음부터 별도로 공부하는 것은 포기했다. 그 유명한 맨투맨 같은 문법책은 아예 펴지도 않았다. 그 책이 내가 선택한 일반 영어 문제집 두께와 거의 비슷했기 때문이다. 대신에 독해력과 기출문제에 의존했다. 그래서 크게 할 말이 없다.

학교 수업 시간에도 열심히 듣고, 오답 노트나 단어장을 활용해서 문법 문제들의 패턴을 외웠다. 그러다 보면 거의 모든 모의고사에서 물어보는 문법 문제들이 어느 정도 정리가 되고 감도 잡힌다. 물론 매우 기본적이고 당연한 문법은 익혔다. 수업 시간에도 가르쳐주시고 내신으로도 출제되는 그런 것들. 가령 의문사가 오면 도치가 된다거나 하는 것이다.

고난이도의 문법 문제를 풀기 위해서 별도의 공부를 한 것이 아니라 독해와 같이 공부를 했다. 예를 들면 문법 문제가 출제되었을 때 읽는 데 뭔가 익숙하지 않은 것은 잘못되었다는 감이 오는 것이다. 이것을 계속하다 보면 답도 고르고, 나중에는 무엇 때문에 어색하다는 것까지도 간파할 수 있다. 다행히도 수능 때는 문법 문제도 모두 맞추었다.

영어 듣기는 이동 시간에 공부하기가 상당히 유리하다. 특히 공부 중 피곤할 때, 대부분은 머리가 피곤하거나 몸 상태가 안 좋다기보다는 눈이 피곤한 경우가 90% 이상일 것이다. 통학하는 학생이라면 아침에 눈을 감고 30분에서 1시간 정도 들을 수 있도록 반복해서 연습해보자. 눈도 쉬면서 공부도 할 수 있다니 얼마나 효율적인가?

중요한 것은 나중에라도 들은 것이 스크립트와 일치하는지 체크해

보아야 한다. 공부하다 보면 어느 정도 패턴이 나오는데, 어떤 문제들은 초반에 빨리 정답을 이야기해버려서, 또 어떤 것은 일부러 헷갈리는 특정 단어를 강조해서 함정을 파기도 한다. 이것은 계속 듣고, 스크립트를 보면서 재확인하다 보면 감이 좀 잡힐 것이다.

자, 이제는 영어 시험을 위해 좀 더 실전적인 이야기를 해보자.

일단 듣기에서 사람들이 많이 이야기하는 것이 '학생들이 우르르 찍을 때 같이 찍는 것이 답이다.'라고 한다. 단호하게 이야기하는데 하지 마라 그거.

그것은 당신이 정말 기본적인 것도 모르는 하수인 상태에서 이야기하는 것이다. 어차피 어려운 문제가 나오면 중구난방으로 답을 고르게 되어있고, 특히나 다른 사람들 움직임을 신경 쓰다가 중요한 대화를 놓쳐버리면 그 문제는 그냥 지나간 것이다.

독해는 다시 읽을 수 있지만 듣기 평가는 일방통행이라는 것을 명심해야 한다. 대신에 주고받는 대화가 세 줄 이상이 되면 앞에서 뭐라고 했는지 헷갈릴 수가 있기 때문에 연필로 기억해야 할 만한 사항을 대충 적어둬라. 집중한 나머지 다른 사람들의 움직임이 느껴지지 않는 상태가 최선의 상태다.

매우 자주 나오는 함정 문제인데, 묘하게 특정 단어가 중복되게 잘 들리면 이 단어가 포함된 답은 정답이 아닐 가능성이 꽤 크다고 의심해라.

'뭐라고 하는지 하나도 모르겠고, 이 단어는 계속 들렸으니까 이거라도 찍자.'라는 상태라면 차라리 '뭐라고 하는지 하나도 모르겠고, 이 단어는 뭔가 함정 같으니깐 다른 정답을 추려보자.'가 훨씬 정답일 가능성이 높다는 것이다.

이것은 수능 때 경험적으로 체험한 것인데, 석사 졸업 여건 때문에 토익 시험을 치러 갔을 때도 똑같이 경험해서 유구한 함정 문제의 역사에 깜짝 놀랐다. 무슨 말이냐면 오랜만의 영어 시험에 대사가 잘 안 들려서 그나마 잘 들리던 단어가 포함된 답을 정답으로 고르고 시험을 망쳤다는 얘기다. 인간은 이렇게 같은 실수를 반복한다.

"귀로 듣지 말고 마음으로 들어라."

- 공자 -

국어 : 다독을 통한 지문에서 답 찾아내기

우리나라 고등학교 2학년이라면 한글을 사용해서 의사소통하는데 크게 문제는 없을 것이다. 다만 그것이 정확한 단어 선택인지, 전반적인 맥락을 논리적으로 서술했는지 등은 국어 능력에 따라서 상당히 달라질 수 있다.

사회나 군, 일반 직장에서 '국어를 참 잘한다' 싶은 사람을 찾는 것이 의외로 쉽지 않다. 국어 능력이란 단순한 한글의 의사소통에 국한되는 것이 아니다. 결국 수능 국어라는 것은 한글 구사 능력이라기보다는 지문의 맥락을 파악하고, 출제자의 의도를 읽으며 일부 문법 법칙과 논리적인 진행 등을 확인하는 과정을 익히는 작은 부분이라고 하겠다. 주로 낯설고 긴 지문을 빨리 읽고 정답을 고르는 문제가 많다.

국어 공부를 미리 해두면 참 좋은 게, 나중에 방대한 문서를 처리하거나 공문서를 취급할 때 도움이 된다. 나 같은 경우에는 대위 때 공문을 처리할 것들이 꽤나 많았는데 항상 국어사전을 옆에 두고 참고하면서 작성했다. 지금 국어를 공부하는 것이 절대로 수능만을 위해서 하는 것이 아님을 다시 강조한다.

일단 빠르게 읽고 내용을 파악하는 가장 좋은 연습법은 다양한 글을 많이 읽는 것이다. EBS 및 학교에서 내어주는 교재 등을 제외하고는 추가적인 문제집을 구매하거나 할 필요는 없다. 다만, 저것들을 '재밌게' 읽으면 된다.

사람의 뇌란 사용하는 분야가 다양해서 특정한 부분을 혹사시키면 다른 부분을 자극할 때 혹사당했던 부분이 어느 정도 다시 회복된다. 무슨 이야기냐 하면 초반에 수학 문제를 풀면서 수학적 분야로 머리를 계속해서 사용하다가 두어 시간쯤 뒤 지쳤을 때 국어 지문을 보는 것 자체가 휴식이 된다는 것이다.

나는 고등학교 2학년 2학기 겨울은 거의 수학 문제 풀이에 집중 투자 했는데, 머리가 뜨거워지고 도저히 집중이 안 될 때는 교실 제일 뒤로 가서 학급 도서의 소설을 읽었다. 특히 교과서에 종종 등장하는 단편 소설들은 실제로 시험에 등장해서 큰 도움이 되었고, 심지어 판타지 소설이라고 하더라도 글을 빨리 읽고 맥락을 이해하는데 도움을 주었다.

단, 문법이나 고전 시가 등은 EBS와 학교 수업을 열심히 듣고 무슨 뜻인지 익히자.

결론적으로 말하자면 국어 영역은 한글로 이루어진 지문으로 문제가 나오고, 반드시 이 지문을 근간으로 답이 나온다. 어떤 지문이 출제될지 예상하기 어렵기 때문에 어떤 글이든 빠르게 읽고 맥락을 이해할 수 있는 연습을 하자는 것이다. 여기에는 다독이 좋다.

이때 영어 연습에서 사용했던 '흘깃 보기'를 사용하자. 수능 국어는 그야말로 대다수가 지문과 질문에서 해답의 근거를 찾는 문제이다.

다만, 여기서 주의 사항이 있다. 나의 경우 '…이때 화자의 심리는?' 이란 문제가 출제되었을 때 내가 생각하는 답과 해설지가 다른 경우가 종종 있었다. 이때 고집스럽게 내 생각을 밀고나가 초반에는 종종 틀리곤 했다. 그것은 올바른 방법이 아니었다. 시간이 있다면 지문에서 놓친 힌트가 없는지 다시 봐라. 틀림없이 '출제자가 이 지문의 복선을 이용해서 이 답을 정답으로 제시했겠군.' 하는 부분이 있을 것이다.

국어 시험을 볼 때 항상 주의해야 하는 것은 선생님들께서 그렇게도 말씀하셨던 "문제 속에 답이 있다."라는 말이다.

국어 문제 중에서 정말 힘든 것은 이것도 맞고 저것도 맞아 보일 때이다. 상식적으로 생각하면 둘 다 맞거나 오히려 정답과 다른 답이 옳아 보이기도 한다. 내 논리대로라면 말이다. 하지만 이것은 수능 국어 영역에 대한 당신의 능력을 보는 것이다. 지문에 대한 배경 지식이 있다면 좋지만 있다 해도 그것을 정답으로 곧바로 잇는 것은 굉장히 위험한 시도라고 하겠다.

앞서 이야기한 것처럼 빠르게 지문을 읽고 핵심을 찾는 능력을 기르는 것이 기본적으로 중요한데 문제 중에 출제자가 의도한 정답을 고를 수 있는 키워드를 찾는 능력이 고득점을 결정하기 때문이다.

이것은 오답 노트와 해설지를 보면서 꾸준히 공부하는 수밖에 없다. 왜 나는 이렇게 생각했는지, 왜 정답은 이것인지를 꼼꼼히 보자. 해설지에 보면 지문에 어떤 부분으로 보아 이것이 정답이라는 이야기가 나와 있을 것이다. 거기에 맞추어서 고민하고 문제를 푸는 방법을 숙달시키도록 하자.

국어사전을 애용하자.

우리는 가끔씩 매일 한글을 쓰다 보니 스스로 국어를 잘한다는 착각을 하곤 한다. 하지만 의외로 뜻을 제대로 알고 있지 못한 생소한 단어가 있기도 하고, 알고 있다고 생각한 단어가 다른 의미를 가지고 있기도 하며, 유사어 및 동의어를 잘 모르는 경우도 많다. 문제를 풀다가 혹시나 이 단어가 이런 의미인가 싶은 것들은 국어사전을 찾아보고 관련된 단어들도 한눈에 익혀두자.

내 경우에는, 국어는 오답 노트도 단어장도 만들지 않고 다만 때때로 국어사전을 찾아보면서 관련된 문장을 한두 번씩 읽었다.

물론 수능 직전에는 국어도 굉장히 얇기는 하지만 오답 노트를 만들었다. 여기에는 모의고사에서 당최 이해되지 않는 정답과 지문들, 심사숙고해서 정답이라고 생각했지만 정답이 아닌 경우들을 모은 것이다. 만일 시험에서 이런 뉘앙스의 지문이 나오는 경우에는 좀 더 주의해서 출제자가 원하는 정답을 고르는 연습을 하기 위한 것이 주 목적이었고, 그 외 문법이나 유의어 등 의외로 잘 몰랐던 것들도 정리해두기 위해서였다.

사관학교 1차 시험

모든 시험이 마찬가지지만 시험을 치르기 전, 항상 준비물을 살피고 시험 장소를 체크하며 시험장에 도착하는 시간까지 여유 있게 잡아둬라. 그래야 괜히 불필요하게 마음을 서두르지 않게 된다.

수능 괴담을 들어보면 무엇이 평소와 달라서 컨디션 발휘를 못했다든가 준비물을 챙기지 못해 멘탈이 붕괴되었다는 이야기들이 많다. 평소와 다른 시험 장소와 시간, 준비물 때문에 그날에 대한 충분한 준비가 안 되어서 그런 일들이 발생하는 경우가 대다수이다. 이와 같이 공부만큼이나 시험 날 당시 컨디션을 유지하는 것도 중요하니 수능의 긴장감을 미리 느낀다고 생각하고 사전에 준비해보자.

무엇보다 1차 시험에서 중요한 것은 포기하지 않는 것이다. 잘 알다시피 사관학교 1차 시험은 최종 정원의 3배수를 뽑는 과정이다. 최종

적으로 선발될 때보다 1차 시험 때 뽑힐 가능성이 3배 높다.

그리고 문제가 통상 수능 기출문제에 비해서 어렵고 더럽다. 여기서 더럽다는 것은 수능 기출문제와 같이 깔끔하게 풀리지 않고, 애매모호한 문제들이 많다는 이야기다.

나 같은 경우에는, 이 시점에는 아직 국영수 성적 그래프가 안정적인 등급으로 도약하기 전이어서 더욱 힘들었다. 그 헷갈리는 문제들을 풀면서 지금까지의 고생이 헛수고처럼 느껴지기도 했다.

특히 정복을 입은 생도들이 감독관으로 들어오니 괜히 더 신경 쓰이고 긴장되기도 해서 그냥 그만두고 싶었다. 하지만 내가 끝까지 힘을 낼 수 있었던 것은, 내 앞의 학생이 대충 풀다가 한숨을 쉬더니 포기한 듯 엎드리는 것을 보았기 때문이다. 내가 이 지저분한 문제를 한 문제라도 더 풀면 포기해준 학생들 덕분에 내가 뽑힐 가능성이 높아진다는 생각이 들었다.

시간이 다할 때까지 스스로 억척스럽다 싶을 정도로 풀어라. 좀 쿨하지 못하면 어떤가? 시험 시간에 잠깐 아등바등한다고 해서 합격할 수 있는 것은 아니지만 조금 풀다 찍는 것보다는 분명히 합격할 가능성이 높아진다. 그것도 다른 학생이 포기한 문제의 점수를 더한 것만큼이나 가능성은 대폭 증가해서 그야말로 개이득이다.

서두에 언급한 것과 같이 1차 시험은 수능 준비의 하나라고 할 수 있다. 비록 전체적인 과목은 다르지만 늘 공부하던 교실에서 떠나 새로운 환경에서 모르는 사람들과 함께 시험을 치는 준비가 된다. 이왕 수능 준비라고 생각한 김에 실제 수능 시험에서 준비할 준비물을 세팅하고 시험의 긴장감을 한번 느껴보자. 제외해야 할 전자 기기 목록을 다시 점검하고 시계, 펜, 지우개, 샤프, 시험지, 정답지 등을 어디에 어떻게 두는 것이 내게 적합한지 배치해보자.

민감한 상황에서 집중을 못하면 온갖 것이 다 거슬리는데 정신적으로뿐만 아니라 물리적으로도 거슬린다. 시험지를 넘기는데 손목시계가 걸린다든지, 손이 움직이는 동선에 펜이 위치해서 굴러 떨어진다든지 하는 사소한 것들도 웬만하면 예방 차원에서 정리해두자.

혼자서 기출문제를 풀거나 모의고사 때마다 비슷한 세팅을 해두거나 하여 시험 때와 같은 상황을 만들어두면 반드시 도움이 될 것이다.

시험 전, 중, 후의 마인드 컨트롤도 해보자. 시험 전 준비한 자료 중 어려운 부분을 붙잡고'왜 안 외워지지, 왜 안 풀리지?' 하는 경우도 있다. 이런 상황은 상당히 위험하다. 시험 직전에 나올지 안 나올지도 모르는 것에 신경을 쓰다가 평소 실력도 발휘 못하게 될 수 있기 때문이다. 차라리 마음을 차분하게 할 수 있는 방법을 고민해 시험 칠 때 혹사당할 눈과 머리를 조금 쉬게 하는 것이 나을지도 모른다. 그러나 자라는 뜻은 아니다. 잠이 들었다 깨면 수면 상태에서 다시 머리가 온전히 깨어서 집중하기까지 시간이 필요하기 때문에 잠들지 않고 적당히 '멍 때리는' 연습을 해두는 것도 좋다.

시험 중 멘탈 관리도 해야 한다. 앞자리 다리 떠는 소리, 시험지 넘기는 소리, 한숨 소리, 포기하고 드러눕는 모습, 감독관들의 움직임 등 의외로 집중을 못하게 하는 요소가 많다. 모의고사와는 또 다른 것이다.

이런 요소들을 뛰어넘는 가장 좋은 것은 역시 문제에 오롯이 집중하는 것이다. 그런데 이것도 어느 정도 연습이 되기 전까지는 쉽지 않은 일이다. 나는 시험만 치려 하면 소변이 마려운 안 좋은 습관이 있었는데 보통 이런 것들은 심리적인 요인이 크다. 극복 방법이라고 하기는 그렇지만 어느 정도 등급이 올라가고 실력이 좋아지면 대다수 해결되는 것들이 많았다. 사실 저런 방해 요소가 방해로 작용하는 것은 시험지를 봐도 지문에 집중하지 못하기 때문인 경우가 많은데, 집중하지 못하는 것 자체가 풀이를 위해 접근하는 방법이 아직 덜 숙달되었다는 뜻이다.

아직 실력이 안 되더라도 이럴 땐 자세를 통해서 어느 정도 커버가 가능하긴 하다. 최대한 지문에 얼굴을 가까이 하고 웅크린 상태로 집중을 시작하는 것이다. 척추 건강에는 안 좋을지 몰라도 일단 시야에서 시험지 외의 것들을 제거해주고 흔들리지 않는 안정된 자세가 유지되기 때문에 시험에 집중하는데 도움이 된다.

마지막으로는 시험 후의 자세다. 어떤 일이든지 맺고 끊는 것은 상당한 연습이 필요하다.

시험의 경우에는 정답지를 제출하고 나면 당신이 할 수 있는 것은 없다. 하나의 시험이 끝나면 칼같이 자르고 다음을 준비해야 하는데 '그거 정답 뭐였지?', '안 되면 어쩌지?' 이런 생각이 점점 생겨난다. 이런 생각은 아무짝에도 쓸데없을 뿐만 아니라 다음 단계를 준비하는 데 오히려 방해가 되는 습관이니 딱 잘라내라. 실은 합격 발표 날까지 가채점도 할 필요 없다. 그냥 평소와 같이 공부를 하고 있으면 된다.

고민을 분산하자. 이제 당신의 사관학교 1차 시험 합격에 대한 고민은 당신이 제출한 정답지가 하는 것이지 당신의 몫이 아니다. 당신은 늘 그래왔듯이 수능을 준비하면 된다.

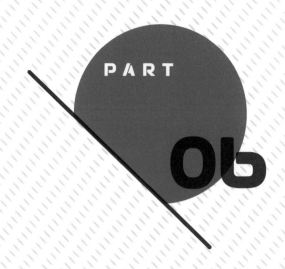

PART

06

휴식도
수능 준비다

"

―――――――――――――――――

"일과 오락이 규칙적으로 교대하면서 조화를 이루면
생활이 즐거워진다."
- 톨스토이 -

―――――――――――――――――

"

적절한 휴식이란

잘 쉬는 것은 효율적으로 공부하는 것만큼이나 중요하다. 이것은 전략의 기본이다. 하지만 효율적으로 공부하는 것만큼이나 잘 쉰다는 것도 방법이 필요하다.

사람이란 리듬을 가지고 있는데, 공부하는 리듬에서 쉬는 리듬으로 모드가 전환되어 버리면 다시 공부 리듬으로 바꾸기 위해 불필요한 시간 투자가 필요하기 때문이다. 결국 휴식이 없으면 공부에 집중할 수 있는 신체적, 정신적 관리가 되지 않아 실패할 수밖에 없고, 또 일정 이상 쉬다 보면 공부에 최적화되었던 몸과 마음의 흐름이 끊어져 버린다.

그러므로 수능 준비 중의 적절한 휴식이란 공부하는 리듬을 유지하면서 쉬는 것이며 그 방법과 시간에 초점을 맞추는 것이 핵심이다.

10분의 휴식 시간을 쪼개어 써보자

학교 수업의 리듬은 50분 공부에 10분 휴식으로 한 시간이 완성된다. 컨디션이 아주 안 좋은 상태라면 10분을 온전히 휴식에 투자하는 것도 좋다. 하지만 전 과목 1등급이나 모의고사 만점이라는 원대한 목표를 이루지 못한 상태라면 10분을 좀 더 효과적으로 사용하는 것을 권장한다.

10분은 의외로 자투리 시간으로 사용하기에 충분한 시간이다. 나는 10분을 5분씩 절반으로 나누어서 썼다. 전반 5분은 화장실을 가면서 단어장을 보고 돌아와서는 간단한 문제를 하나 푸는 시간이었다. 그리고 후반 5분은 학교 창밖을 되도록 멀리 보면서 친구와 담소를 나누거나 그냥 멍을 때렸다. 멀리 바라보면서 멍 때리기는 지쳐있는 눈의 피로를 상당히 풀어주었다.

멍 때리기는 상당히 유용한 휴식 기술인데 굳이 잠을 자지 않더라도 머릿속에 여러 정보를 정리해줄 뿐만 아니라 제법 머리를 식혀준다. 3~5분 정도의 짧은 시간에는 애매하게 자는 것보다 더 효율적일 수도 있다.

또 멀리 보기는 계속해서 문제집을 가까이서 보아 피곤해진 눈을 회복시켜준다. 간간이 이렇게 눈을 써줘야 시력을 보호하면서 공부할 수 있다.

이런 습관에 적응되면 나중에 사회생활할 때도 도움이 되는데, 나는 대부분의 동료들이 점심을 먹고 남는 시간에 잠들어 있을 때 커피 한잔 하면서 멀리 보며 빠르게 머리와 시력을 회복시켜 다른 추가적인 활동을 할 수 있도록 한다. 사무직의 경우 대부분 업무에 집중하다 보면 생기는 피로감은 머리가 실제로 과부하된 경우도 있지만 시력의 피로에서 오는 경우가 많다.

사관학교 체력검정을 준비한다면 짬을 내서 팔 굽혀 펴기를 해보는 것도 의외로 지친 몸에 활력을 깨워주는 방법이다. 나중에 휴식 시간을 나누는 것에 익숙해지면, 3분 단위로도 충분히 사용할 수 있다.

예를 들어 화장실에 다녀오는 시간이 3분이면 교실에 들어와서 2분 동안 팔 굽혀 펴기를 하고 1분간 정리한 다음에 남은 4분 동안 잠깐 멍 때리기나 수면을 취하는 것이다.

이런 생활에 익숙해지려면 시계는 미리 하나 준비해두는 것이 좋다. 특히 가난한 수험생의 경우 어차피 수능에서 사용해야 할 아날로그시계를 쿼츠, 그러니까 배터리 타입으로 구매하는 것이 좋다. 싸기도 싸고, 어지간한 기계식 시계보다 정확하고 관리도 편하며 고장도 잘 안 난다. 인터넷에서 주문하면 3만 원에서 생활 방수까지 되는 상당히 괜찮은 제품을 구매할 수 있고, 이마저도 부담스러운 사람은 디자인을 조금 포기하면 지하철역에서 만 원 안에서도 해결할 수 있다. 정말 좋은 세상이다.

책상에 엎드려 자자

당연히 집에서 정식으로 잘 때는 누워서 자야 한다. 물론 개인적인 생활 습관에 따라 다르지만 집에서도 진짜 수면 시간에 책상에 엎드려 자는 것은 신체 건강상 좋지도 않고 무엇보다 가혹한 행위다.

책상에 엎드려 자는 것은 공부 중 너무 지쳤을 때 잠깐 자는 것을 말한다. 그리고 5분이면 의외로 회복 정도가 상당하다. 그런데 굳이 잠깐 침대에서 쉰다든가 하지 않고 엎드려 자는 이유는 공부 리듬에서 수면 리듬으로 넘어가지 않기 위함이다. 물론 학교에서는 날 위한 침대가 없으니 엎드려 자는 수밖에 없다.

나는 따로 다니는 학원도 없고, 독서실도 다니지 않아서 학교의 자율 학습 시간을 마친 후 10시를 넘은 밤이나 일찍 마치는 토요일 오후는 집에서 공부했다. 다행히 우리 집은 내 방이 따로 있어 나름 공부하기에 적합한 환경이었지만 집에서 하는 공부가 그렇듯이 책상 옆 침대의 유혹은 꽤나 강렬하다.

어쨌든 그날 계획된 공부가 끝나지 않으면 눕지 않았는데, 일단 한번 누워서 자기 시작하면 다시 일어나는 것이 힘들었기 때문이다. 그래서 다시 일어나는 상황 자체를 없애는 것이 도움이 되었다. 즉 오늘의 공부 스케줄이 끝나지 않은 경우에는 침대에서 자지 않는 것이다. 대신에 너무 졸릴 때는 책상에 엎드려 잔다.

자율 학습 중에는 휴식 10분 중 5분간 화장실 다녀오고 오답 노트를 보다가 나머지 5분은 엎드려서 졸면 된다. 간혹 이때 주변이 시끄러워 잠들 수 없다고 짜증내는 경우도 있는데 전혀 필요 없는 행동이다. 주변이 신경 쓰일 정도면 덜 피곤한 상태이니 굳이 수면이 필요 없는 컨디션이고, 또 단순히 엎드려서 눈과 머리를 아무것도 하지 않고 쉬게 해주는 것만으로도 휴식의 효과는 충분하다.

당신이 짜증내야 하는 상황은 친구가 5분 뒤에 깨워주기로 해놓고 그 약속을 깜빡해서 선생님께 혼나게 만든 정도이다.

단순히 잠깐 자는 것에 국한한다면 의자에 기대어 자는 것도 좋지 않은가 할 수 있는데 그래도 나는 엎드려 자는 것을 더 선호한다. 체온 보호 등의 보조적인 효과가 있기 때문이다.

내가 말하는 엎드려 자는 자세는 한쪽 팔을 굽혀서 이마를 팔뚝으로 지지하고, 나머지 팔을 굽혀서 턱을 팔뚝으로 지지하는 자세인데 이러면 코와 입은 팔뚝과 팔뚝 사이에 위치하게 된다. 자면서 호흡을 하면 자연스럽게 수분과 체온이 조금씩 상실되는데 이 자세라면 최대한 보호해줄 수 있다. 그리고 잘 때 못생겨 지는 것도 감출 수 있다. 정 허리가 불편하면 마스크를 하나 구해서 편하게 자는 것도 방법일 것 같다.

주의해야 하는 것은 엎드려 잔다고 해도 일정 시간 이상의 수면은 금물이다. 나 같은 경우에는 마음먹고 엎드려 푹 쉬어야지 생각해도 최대 15분 정도인데 그 이상 자버리면 수면 모드로 전환되어 공부 리듬을 잃게 되었다. 수면 모드에서 공부 모드로 전환이 되었는지 여부는 자다가 일어날 때 곧바로 깰 수 있는지, 깨고 난 다음에 바로 문제를 봐도 크게 부작용 없이 다시 집중할 수 있는지를 확인하면 된다.

그래서 미리 자신의 가장 적합한 짧은 수면 시간을 알아두면 좋다. 쉬는 시간 5분 정도면 잠깐 잠들었나 싶을 때 일어나면 또 공부할 체력을 회복해있었고 정말 피로가 누적된 상태에서도 15분이면 꽤나 좋은 상태가 되었다.

추천하는 것은 카페인 수면법.

통상적으로 커피는 잠을 깨는데 사용하지만 카페인이란 마시는 즉시 효과가 나타나지는 않는다. 그래서 커피를 단 시간에 마시고 카페인의 효과가 퍼지는 5~10분간 수면하다가 일어나면 카페인 효과가 더해지면서 훨씬 공부 모드로 전환이 수월하다.

이걸 언제 쓰느냐? 일단 내신 시험 기간에 사용한다. 내 경우에는 하루에 정식으로 누워서 자는 시간은 약 6시간 정도가 적당했다. 하지만 학교 스케줄에 맞추어서 공부를 하다 보면 당연히 6시간보다 적게 자는 경우도 생기는데 그럴 때면 아무래도 집중도가 떨어질 수밖에 없었다.

예를 들어 내신 시험을 준비하거나 할 때는 아무래도 한 번이라도 더 봐야 될 때가 있다. 평소 12시에는 꼭 자야지 하더라도 시험 범위

세 번은 읽어봐야지 하다 보면 새벽이 찾아오는 경우가 많다.

우리는 내신 본다고 수능을 놓아서는 안 되기 때문에 다른 학생들에 비해 바쁘다. 심할 때는 하루에 네 시간밖에 못자는 수도 생긴다. 이럴 때 쉬는 시간 5분을 자면서 시험공부를 하거나, 저녁에 내일의 시험공부를 하는 경우 시험을 마치고 15분 엎드려 자고 다시 공부하는 등으로 사용하면 효과적이었다. 물론 카페인과 함께.

시험 기간이 아니라 그냥 계속해서 공부를 하는 중에도 사람의 컨디션이란 늘 똑같이 좋을 수는 없다. 매일 수능을 준비하는 기분으로 컨디션 관리도 함께하면 좋겠지만 희한하게 공부하는데 어려운 문제들만 마주한다거나 새벽에 잠을 못 잤다거나 아니면 잤는데도 이상하게 지칠 때 등 여타의 사유로 피로가 심할 경우에 눕지 말고 엎드려서 체력을 회복해보자.

도시락을 준비하자

워낙 인터넷에서 급식에 대해 부정적인 이야기가 많아서 말하기가 조심스럽다. 다른 학교는 잘 모르겠지만 우리 학교 급식은 상당히 맛있었다. 대부분 그렇겠지만 맞벌이 부부나 편부모가 많은 시대에 부모님이 막 지어주신 따끈한 밥과 반찬을 매일 먹을 수 있는 사람이 그렇게 많지 않을 것이다. 그렇다고 학생 때는 모든 식사를 사먹을 만한 금전적 여유도 없는 것이 사실이다. 그런 와중에 학교에서 영양사 분들이 만들어주신 갓 지은 밥에 신선한 재료로 만든 반찬은 나를 과체중으로 만들곤 했었다. 하지만 교실에서 급식실까지 가는 시간, 줄을 기다리는 시간, 배식을 받는 시간, 먹고 친구들과 수다를 떠는 시간, 얘기하다가 다른 놀이로 빠지는 확률 등을 고려했을 때 타이트 하게 1년 수험을 준비하는 내게는 아쉽지만 포기할 수밖에 없었다.

그래서 그 대안으로 선택한 것이 도시락이다.

다행히도 나는 집에서 도시락을 싸주셨다. 심지어 당시 치킨 체인 점을 하셨기 때문에 모든 친구들이 부럽게도 치밥을 그때부터 경험 할 수 있었다. 다만 그때 불만이 있었다면 우리 부모님이 '밥은 든든 히 먹어야 된다'는 마음에 쌀밥을 가득히 넣어주시기 위해서 진짜 옛 날 만화에서나 보던 커다란 철 도시락 통에 밥을 담아 주셨다는 것 이다. 덕분에 밥 양은 부족하지 않았다. 하지만 이 도시락은 엄청난 단점이 있는데 보온이 안 되었다. 차갑고 딱딱하게 굳은 흰 쌀밥은 은근히 먹기가 힘들었다. 그래서 밥을 먹다가 체하는 경우가 잦았는 데 이런 불편은 수험생에게 상당한 손해가 된다. 결국 나중에 보온 도시락으로 바꾸자 확실히 급체하는 일이 줄었고, 따뜻한 국물도 먹 을 수 있어서 상당히 만족스러웠다. 그러니까 추천하는 것은 보온 도 시락이다.

하지만 나야 부모님이 굳이 시간을 내주셔서 도시락도 싸다녔지만 그러지 못한 학생들도 있을 것이다.

그럴 때는 당시에는 없었지만, 지금이라면 편의점 도시락이나 도시락 체인점을 활용하는 것도 좋을 것 같다. 나는 지금도 야근하거나 특별한 훈련을 하면서 밤늦게까지 업무를 계속해서 집중할 때에는 나가서 먹는 시간을 줄이기 위해서 도시락을 먹는다. 품질이 상당하더라. 사관학교를 졸업하고 십 년을 자취하고 있는데 편의점 도시락만큼 내 삶에 실질적인 도움을 준 경우도 없다. 삼각 김밥으로 살던 나에게 편의점 도시락은 재료와 종류가 다양해서 매일 거의 새로운 식단을 접할 수 있게 했다.

만약 경제적으로 부담스러우면 집에서 밥을 해서 싸볼 수도 있다. 좀 귀찮기는 하지만 고추장과 참기름, 계란과 양파 등만 있어도 꽤나 버틸 수 있고 그야말로 저렴하게 즐길 수 있으며 도시락 싸기도 괜찮다. 특히 김치, 계란, 양파, 밥, 라면, 고추장 정도는 갖추어 놓는 것이 좋은데 계란이나 김치, 고추장을 구할 수 없다면 양파랑 밥, 라면 정도는 항상 비치해두자. 이는 나중에 특제 영양죽을 소개할 때 재료로 쓰이기 때문에 후술하겠다.

자, 이렇게 급식 대신에 도시락을 먹으면 좋은 점이 몇 가지가 있다. 우선은 밥을 먹으면서 오답 노트나 단어장을 볼 수가 있다는 것이다. 아무 생각 없이 계속해서 읽어서 암기할 때 좋은 분야를 공략할 때 좋다. 물론 급식을 먹으면서도 할 수야 있겠지만 아무래도 신경 쓰일 것이다. 게다가 더 큰 이점은 빈 교실을 내 마음대로 쓸 수 있다는 것이었다. 다들 급식을 먹으러 나갈 때 여유 있게 엎드려 존다든지, 스트레칭을 하든지 뭘 하든 아무에게도 피해가 안 된다는 것이다.

나는 앉아서 공부만 하면 막 좀이 쑤시는 타입인데, 그러다 보니 단순히 읽어야 하는 과목 등은 일어서서 몸을 풀면서 공부했다. 도시락을 먹고 이렇게 몸도 풀면서 공부를 할 수 있어 그나마 좀 더 나았던 것 같다.

마지막으로, 친구들과 같이 밥을 먹지 않기 때문에 다 같이 먹기 위해 기다리는 시간 등을 아낄 수 있고, 식사 중 친구와 이야기하다가 휩쓸려서 게임하러 가거나 놀러가는 함정을 제거할 수 있다. 또한 수능 시험 때도 도시락을 먹기 때문에 도시락 먹는 습관에 익숙해질 수 있다. 특히 이미지 트레이닝을 제대로 하려면 수능 전 며칠간은 비슷한 메뉴를 먹으면서 수능 때와 평소의 차이를 최소화할 수도 있다. 의외로 많은 사람들이 수능 시험 때 체하거나 탈이 나서 시험을 망쳤다는 이야기를 많이 듣는다. 이렇게 준비한 탓인지 나는 수능 때 식사로 인한 문제점은 전혀 없었다.

뇌를 돌아가면서 써보자

수능은 다양한 과목으로 이루어져 있다. 나는 뇌 과학은 잘 모르지만 수학 문제를 쓰는 머리와 국어 지문을 읽는 머리가 다르다는 것은 체험적으로 안다. 그러니까 공부할 때 '오늘은 아침부터 야간 자율 학습까지 8시간 동안 수학만 조진다!'라고 종종 각오를 했지만 언제나 조져지는 것은 나였다. 그래서 내 뇌의 용량을 고려해서 전략을 대폭적으로 수정했다.

바로 집중 공략할 과목을 위주로 하되 중간 중간 휴식 같은 기분으로 다른 과목도 공부하는 것이다.

'오늘 수학을 조진다!'라고 마음먹었다면 수학을 집중적으로 공략하되, '수학을 2시간 하면 중간에 국어를 1시간 하고, 다시 수학을 2시간 하고, 영어를 1시간 하고, 다시 수학을 2시간 한다.'는 식의 방법이 6시간을 공부해도 더 효율적이라는 것이다.

사람마다 다르겠지만 내 경우에는 휴식 없이 수학에만 집중할 수 있는 시간은 최대 2~3시간 정도였다. 그 이상 보면 앞머리 부분이 뜨끈해지면서 점차 효율성이 떨어지는 것이 느껴졌다. 대부분 경험해보았을 텐데, 마치 감기에 걸려서 머리가 몽롱한 것처럼 되고 평소에 당연히 풀 수 있는 것인데도 불구하고 멍하게 되는 상태를 경험한다. 이 정도 되면 5분 휴식하고 다시 달려들어도 금세 지쳐버렸다. 수학이라는 과목에 머리가 질려버리는 것이다.

이때 수학 문제를 풀기 위해서 사용하던 머리의 어떤 부분을 충분히 쉬게 해야 하는데 그 시간을 오롯이 휴식으로 사용하면 공부 모드가 끊겨버린다. 그래서 마냥 쉬는 것 대신에 국어 문제를 풀거나 단편 소설 같은 것을 한 시간 정도 보고 나면 다시 수학을 2~3시간은 버티면서 공부할 수 있었다.

반대로도 사용할 수 있다. 나는 후반으로 갈수록 영어 공부가 너무 힘들었는데, 영어를 2시간 정도 공부하고 질려버리면 중간에 수학을 1시간 정도 공부하면서 밸런스를 유지할 수 있었다.

일요일 오전 정도는 마냥 쉬어도 좋다

수험생이라고 일주일 내내 공부를 하는 것은 가혹하지 않은가? 사실 일주일 내내 공부해야 하는 것이 맞다. 왜? 우리는 어릴 적부터 부모님과 선생님 말씀 잘 듣고 예습 복습 철저히 한 모범생이 아니었지만 이제 1년 동안은 그동안 우리가 생각하던 모범생보다 더 모범이 되고 성실해져야 하기 때문이다. 그럼에도 불구하고 일주일은 길고, 365일은 더 길게 느껴진다. 그러면 하루 정도는 쉬어도 좋지 않겠는가 싶지만 하루는 길다. 충분히 당신의 공부 리듬을 깨어놓을 수 있는 시간이다.

리듬이 깨어지지 않는 반나절 이하의 휴식을 찾아보자.

일주일 중에 마냥 쉬는 시간은 건강에 특별한 이상이 없다면 반나절 이하를 권장한다.

이 휴식이라는 것은 단순히 잠자는 것을 의미하는 것은 아니다. 자는 것만으로도 수능 스트레스를 충분히 해소할 수 있는 사람이라면 권장하지만 적어도 나는 그렇지 않았다.

잠은 당연히 체력을 유지하고 살기 위해 필요한 것이니 제쳐두고 뭔가 좀 웃고 마음이 풀릴 만한 이른바 힐링의 시간이 필요했다. 이 황금 같은 휴식 시간에 어떻게 스트레스를 풀까 고민하다 찾은 것이 만화와 오락실, 개그 프로그램이었다.

중요한 것은 2장에서 잠깐 언급한 것과 같이 중독성이 낮은 것, 강제로라도 단시간에 할 수 있는 것을 고르는 것이 좋다. 요즘은 오락실이 없어 휴대폰 게임 등으로 대신하면 안 될까 하는 생각도 드는데 동전이 다 떨어지면 그만두어야 하는 오락실과 달라서 그러라고 말하지 못하겠다. 게다가 휴대폰 게임은 오락실 게임보다 너무 재밌다. 특히 휴대폰에서 인터넷이라도 켜는 순간 그날은 다 끝났다고 봐야 한다.

원래 인터넷을 많이 하는 타입은 아니지만 가끔 논문 자료 때문에 구글을 검색하다 보면 틀림없이 시작은 '해상 재난 사고의 통계'로 시작했는데 한두 시간이 지나 정신을 차리고 보면 닭백숙 맛집 메뉴를 보고 있는 내 자신을 발견할 수 있었다. 인터넷이 이렇게 시간을 죽이는데 능수능란하다. 개인 차이는 있겠지만 나처럼 유혹에 약한 타입은 1년 정도는 휴대폰을 없애는 것도 방법이다. 요금을 아끼고 용돈을 좀 보태어서 사관학교 합격할 때 최신 휴대폰을 하나 사는 것도 낭만적이겠다.

아프면 쉬자

아프면 쉬어라.

내 경험으로 비추어 보았을 때 수험생이 가장 자주 겪는 병은 아마 감기일 것이다. 대부분 알다시피 감기는 약이 없는 병이다. 학교나 학원에서 단체 생활을 하는 데다가 공부에 비하여 운동량이 많지 않기 때문에 면역력도 한참 낮아진 상태에서 바이러스가 당신의 몸을 침범하기에 너무나 좋다. 안 걸리는 것이 제일 좋지만 일단 걸렸다면 이런 증상이 나타날 것이다. 콧물, 기침, 어지럼증, 오한, 발열 등등. 다양하게 공부를 방해할 수 있다.

일단 콧물은 잘 때 엄청나게 괴롭다. 코가 막혀서 잠이 들지 못하고 코를 풀고 뒤척이다 보면 수면 부족 상태가 된다. 기침도 심해지면 개가 짖는 소리가 나면서 편도에서 폐까지 진짜 아프게 한다. 그중에서 공부를 하는데 가장 방해되는 것은 어지럼증과 멍해지는 증상이다. 게다가 이것은 감기라면 항상 함께한다. 그래서 감기에 걸리면 쉽게 풀 수 있는 문제도 가만히 보고 있게 되고, 머릿속은 그냥 멍해진다. 그땐 괜히 앉아서 문제를 봐도 능률은 최저인 상태이다.

빨리 공부를 할 수 있는 건강으로 회복시키는 것이 중요하다.

그럴 땐 집에 가서 쉬자.

수험생의 병명 1번인 이 감기를 최대한 저렴하고 빨리 낫게 하는 방법을 공유하고자 한다.

집에 부모님이 계신 경우에는 간호를 기대할 수 있겠지만 맞벌이 하시는 부모님도 있고, 애초에 안 계신 경우도 있다. 병원에서 주사를 맞으면 좋긴 한데 수험 생활을 시골에서 하다 보니 적당히 병원에 가기도 힘들고 시간도 많이 드는 데다가 무엇보다 귀찮았다. 따뜻한 죽 한 그릇 먹고 쉬고 싶은데 브랜드 죽을 먹고 쉬려니 가격이 만만치 않다.

그래서 나는 내가 아플 때마다 해 먹었던 '라면죽'을 추천하고자 한다. 그러려면 앞서 언급한 바와 같이 평소 라면, 양파, 밥 정도는 비치를 해두어야 한다.

중학교 때 손목이 부러져서 염증으로 퉁퉁 부었을 때도 이 '라면죽'과 소염제로 무사히 건강을 되찾았다. 물론 뼈는 좀 잘못 붙었지만 음식으로 치료까지 바라면 안 된다.

이 라면죽을 만드는 준비물은 면발이 뚱뚱한 라면과 밥이면 된다. 거기에 양파, 김치, 계란이 있다면 금상첨화다.

일단 물을 양파나 김치와 함께 끓인다. 물이 끓기 시작하면 라면과 스프를 넣자. 내가 말한 면발이 뚱뚱한 라면이 무엇인지 눈치 챘다면 물이 끓기 전에 함께 넣을 다시마가 있을 것이다. 이때 끓일 때 보통 라면 끓일 때보다 물을 반 컵 정도 더 넣는 것이 좋다. 라면에 따라 다르겠지만 4분 정도면 라면은 완성되었을 것이다.

여기에 밥을 넣는다. 걸쭉하게 될 때까지 냄비 밑에 눌러 붙지 않도록 저어주면서 계속 끓여주면 죽이 되는 것이 보일 것이다. 여기에 계란을 한두 알 넣어서 익혀주면 라면죽 완성이다.

라면에 밥까지 넣다 보면 양이 좀 많아지는데 그래도 다 먹자. 칼로리로 바이러스를 밀어내는 기분이면 성공한 죽이다.

그리고 감기약을 먹자. 나는 별도로 감기약을 병원에서 받아서 다니지는 못했는데 대신 집에 항상 항생제 및 소염제가 몇 알씩 있었다. 두통 치통에 좋은 그거 맞다. 성인 1회 권장량에 맞춰서 먹어주자. 사실 약국이나 편의점에 워낙 좋은 감기약이 많아서 그걸 먹는 것이 더 낫겠지만 당시만 하더라도 편의점이 그렇게 흔하지 않았고 더욱이 시골이라 약국도 잘 없었다. 물론 저 라면죽은 나 같은 환경을 가진 사람들에게 권하는 것이지 더 좋은 것이 있으면 그걸 드시면 된다. 그때 내가 좀 더 풍족했고 지금처럼 죽 체인점이 있다면 더 맛있고 영양이 풍부한 것을 먹었을 것이다. 핵심은 뜨거운 국물이 있고 칼로리가 높은 식단이 감기에 좋은 것 같다는 생각이다.

자, 이제 양치를 하고 손과 얼굴만 씻고 누워라. 샤워를 하거나 욕조에 들어가면 라면죽으로 기껏 올려놓은 당신의 체온을 빼앗긴다. 혹시 땀을 많이 흘려 도저히 스스로 용납할 수 없을 만큼 지저분하다면 뜨거운 물에 수건을 적셔서 납득할 수 없는 부분만 닦아내자. 그리고 그 수건에 물을 좀 더 적셔서 자는 곳 근처에 매달고, 마스크를 껴서 코와 입이 마르지 않게 하자.

곧 당신은 땀으로 범벅이 될 테니 베개에 수건 한 장을 깔고, 목에도 한 장을 두르자. 전기장판 등이 있으면 켜고 이불로 몸을 빈틈없이 감싸자. 땀이 나면 성공이다.

건강에 따라 다르겠지만 이 정도 노력이면 내일 아침에는 어느 정도 공부할 수 있는 컨디션을 찾을 것이다. **며칠 동안 감기에 시달리면서 능률 없이 공부하며 시간을 보내는 것보다 자는 시간을 제외하고는 반나절 정도 쉬고 다시 효율적인 공부를 할 수 있게 만드는 것이 결과적으로 이득이다.**

안 자면 손해다

시험공부를 하다 보면 밤을 새는 경우가 생길 수도 있다. 하지만 특별한 사유가 있지 않은 이상은 그러지 않기를 권하고 싶다.

수능이라는 큰 시험은 아주 많은 분야를 폭넓게 활용해서 문제가 출제된다. 그래서 무언가 달달 외워서 되는 시험이라기보다는 자신의 것으로 온전히 소화하는 것이 중요하다.

이때 주목해야 하는 것이 잠의 중요성이다.

하루 공부를 마치고 나면 적은 양이라고 할지라도 잠은 꼭 자는 것이 좋다. 학문적으로 이야기를 하자면 잠을 자는 것은 머리를 정리하는 시간이라고 한다. 휴식의 역할을 할 뿐만 아니라 하루에 있었던 것들을 정리해서 장기 기억 장치에 넣는 느낌이라고 할까.

내 경우에는 새벽 12~1시에 자서 아침 6시 정도에 일어나는 패턴을 꾸준히 유지해왔다. 거기에 통학 시간이 1시간 정도라서 이동 중

자는 시간을 생각하면 하루 6시간 이상은 꼭 잤다. 물론 쉬는 시간 5분의 단잠도 있고.

초반에 전체적인 수능의 계획을 짜지 않고 무조건 열심히 공부해야겠다고 할 때는 하루에 평균적으로 네 시간 정도 잤다. 이 시기는 고등학교 2학년 2학기 가을에서 겨울방학 전까지의 시기였고, 노력해서 모의고사 5등급을 받았던 그 타이밍이다. 구체적으로는 새벽 2시에 자서 아침 6시에 일어나는 스케줄을 유지했는데 절대 추천하지 않는다. 이렇게 수능까지 멘탈과 체력과 매시간 공부의 집중도를 유지할 수 있는 사람이라면 가능하겠지만 나는 그렇게 뛰어난 정신적, 신체적 조건을 가진 사람이 아니었다.

수면 부족이 공부에 영향을 미치는지 아닌지는 공부를 해보면 안다. 앉아서 문제를 푸는데 멍하고 정신이 깔끔하지 못하면 수면이 충분하지 않은 것이다. 이때 쉬는 시간에 5분 정도 자고 일어났는데도 그렇다면 잠이 충분하지 않은 것이다.

본격적으로 공부 계획에 따라 움직인 다음부터 깨달은 것은 수면 부족을 각오하고 잠을 덜 자는 것은 수능을 위한 것이 아니라 자기만족을 위한 경우가 많다는 것이다. 새벽 두 시, 세 시가 되었을 때 시계를 보면서 느끼는 그 나름의 뿌듯함이야 분명히 있다. 하지만 그 뿌듯함보다 더 중요한 것은 수능 성적표를 받아들고 느끼는 뿌듯함이다. **수면을 깎아내면서 무리한 계획을 세우지 말고, 남은 수능 기간 내내 유지를 해도 해낼 수 있겠다 싶게 만들자.**

내 경우에 가장 고려한 것은 '수능 시험 전날에도 이 정도 자면 될까?'를 가장 염두에 두었다. 물론 6시간 수면이라는 것은 앞서 얘기했던 한 달에 세 권 풀기(국영수 공부 때) 등을 할 때는 사람에 따라서 10~20분 정도는 줄여야 할지도 모른다. 그러나 사실 일상에서 버려지는 시간을 충분히 활용한다면 생각보다 수면 시간을 줄일 필요가 없다는 것을 알게 될 것이다. 쉬는 시간을 줄이는데 집중하지 말고, 공부하는 일상의 효율성을 극대화하도록 노력하자.

혹시 밤을 새어야만 할 정도로 벼락치기를 할 일이 생기면 공부 시간을 약간 줄여서라도 조금이라도 잠을 자라고 하고 싶다.

직접 해보면 느낄 것이다. 시험 전 무수면 상태로 암기해서 보는 것과 암기 시간을 좀 줄이더라도 몇 시간이라도 자고 보는 것 중 무엇이 효율적인지, 또 어느 것이 오래도록 기억에 남는지….

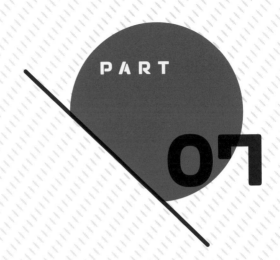

PART

07

중간고사,
기말고사는
탐구 영역 준비의
기회

"

"기회가 오지 않을 때에는 스스로 기회를 만들라."
- 스마일즈 -

"

내신 준비도 수능 공부의 일부다

수능만 준비하는 입장에서 보면 중간고사와 기말고사 기간은 수능 준비를 방해한다고도 볼 수 있다. 비슷한 과목도 있지만 대다수 수능과 또 다른 면이 있고, 시험 치는 시간 배분 등도 전혀 다르다. 그래서 평소 수업 잘 듣고, 필기하고, 1~2주 정도의 시험 기간만 준비하면 되는 것이지만 그것도 조급한 마음에 놓쳐버리는 사람들도 있다.

그러나 의외로 내신을 준비하는 것 자체가 수능 전체 등급을 간간히 관리할 수 있는 기회가 된다. 수능을 3개월 정도 앞두기 전까지는 국영수만 집중적으로 공부할 계획을 갖고 있는 우리가 오랜만에 탐구 영역을 공부할 수 있는 좋은 기회이다. 특히나 나와 비슷한 성적 수준의 사람이라면 고등학교 3학년 초중반 공부는 수학과 영어에 대부분 투자할 것이다.

그러나 이것은 자율 학습과 방과후 자신의 학습 시간에 그렇게 한다는 것이지 수업 시간에는 수업에만 충실한 것이 좋다. 학교 선생님들이 직접 점수를 주시는 내신은 물론이고 고등학교 2학년이 넘어가면 학교에서도 최대한 수능과 연계한 문제들로 시험 문제를 출제하니 내신과 수능을 동시에 준비할 수 있다. 학원에서 선행 학습이 된 사람은 다르겠지만 다니는 학원도 없고 기초 공부도 안 된 나 같은 사람은 학교 수업과 EBS만큼 좋은 것이 없었다.

수업 시간 꼼꼼한 필기를 통한 다독

탐구 영역은 국영수에 비해서 습득하는데 투자하는 시간이 길지 않다는 것이지 절대로 쉽다는 것은 아니다. 특히 나 같은 경우에 물리는 거의 제2의 수학이라고 할 만큼 난이도가 높았다.(이 시절은 문과도 물리1과 수1 등은 필수로 했어야 했던 교육 제도였다.)

다만 고등학교 3학년은 수능을 대비해서 선생님들이 많이 배려해주시기 때문에 수업도 기초부터 수능까지 상당히 괜찮다.

수업 때 필기를 열심히 하자.

대부분 공책을 따로 준비해서 알록달록 필기하는 경우가 많은데, 어차피 시험 기간 때 교과서를 기본으로 다시 공부할 것이기 때문에 교과서에 바로 필기하는 것이 효과적이다. 이때도 다양한 색깔의 펜을 사용하면 보기는 예쁘지만 화려한 색깔을 입힌 글자만 기억나고 정작 기억해야 할 그 옆 교과서 내용은 기억나지 않는 경우가 많다.

나는 종종 이런 일이 있었다. 시험 문제를 풀 때 어떤 특정 단어를 적어야 할 때 교과서 몇 쪽, 앞 뒤 문장까지 생각이 나는데 딱 그 단어가 떠오르지 않아서 주관식 문제를 놓친 경험이 있다. 놀랍게도 그 앞뒤 문장에 시험에 나올 것으로 예상되는 단어에 형광펜으로 화려하게 칠한 것까지 모두 생각이 나는 것이다. 하지만 화려하게 칠하지 않은 딱 그 한 단어가 생각나지 않았다. 그때 문제가 있다는 것을 깨닫고 그때부터 시험공부 방법을 좀 바꾸었고 상당한 효과를 보았다.

일단 중요한 단어를 표시할 때에는 모두 공평하게 검은색 펜으로 해주자. 나는 문제집을 풀 때 연필이나 샤프를 애용했지만 정식으로 필기할 때는 검은색 볼펜을 사용했다. 특별한 이유가 있다고 하기보다는 필기한 것이 흐려지면 보기가 힘들기 때문이다.

둘째, 필기를 잘하는 것은 내신과 수능을 위한 비결, 다독을 하기 위한 준비다. 교과서를 홀로 정독해본 사람은 알겠지만 교과서 읽기가 은근히 힘들다. 왜냐하면 문장이 이어지는데 앞에서 나온 내용들이 처음 보는 개념이면 기억에 남지 않아 뒤를 읽을 때 또 이해가 안 되기 때문이다. 그래서 수업 시간에 엄청나게 집중해야 한다. 바짝 집중해서 선생님이 이야기하신 내용을 교과서에 적어두어야 다음에 혼자 읽을 때 자연스럽게 읽힌다.

자율 학습 시간에는 또 수학 '무한 기출문제 풀기'나 영어의 '고난의 행군' 또는 탐구 영역의 오답 노트 만들기 등으로 엄청나게 바쁘니까 수업 시간과 쉬는 시간 정도에 그날 배운 것을 다 소화하자. 다 소화하자는 것은 달달 외우라는 개념이 아니라 전체 교과서 설명의 흐름에 있어서 장애물이 없게 만들라는 것이다.

셋째로 실제 시험 기간에 공부를 할 때 시험에 꼭 나올 것 같은 건 학교 일과 중에 따로 외우고 야간 자율 학습이나 집에서 공부를 할 때에는 시험 범위를 다독했다. 이때는 특별히 손으로 쓰면서 읽거나 하지 않고 그냥 읽는다. 많이 읽을수록 좋은데 나 같은 경우에는 3번을 정독하면 어지간하면 암기에서 문제되는 것은 없었다. 나는 이것을 '다독 공부법'이라고 부른다.

처음에 공부할 때는 공부를 잘하는 친구나 선생님께서 말씀해주신 암기법을 따랐다. 그것은 일단 손으로 쓰면서 외우기와 다했다고 생각한 후에 빈 공책에 외운 것을 적어보는 것이었다. 이것은 물론 훌륭한 공부법이기는 한데 많은 범위를 짧은 시간에 보려는 내 욕심에는 좀 더 시간 투자가 필요했다. 그래서 일단 3회 이상 읽고 나서 자기 전에 중요하다고 별도로 외웠던 것들과 함께 쭉 상기시켜 보았다. 그리고 자고 일어나면서 아침에 시험을 1~2시간 앞두고 다시 외워야 될 것과 범위를 읽어 본 다음에 시험 10분 전쯤에는 마음을 조용하게 비우고 시험을 쳤다.

공부를 잘하는 사람들이 내게 해줬던 '빈 공책 공부법'과 내가 하는 '다독 공부법'과의 차이점을 분석하자면 효과는 당연히 빈 공책 공부법이 훨씬 뛰어나다. 사실 대학원에 와서 '손코딩' 같은 쪽지시험을 풀 때는 '빈 공책 공부법'을 사용했다. 이것은 객관식도 아니고 달달 외운 것을 흰 종이에 쏟아 내는 것이니까.

하지만, 투자 대비 효율은 다독 공부법이 더 뛰어나다고 본다. 특히 내신이 특별히 어렵지 않다면 문제에서 약간의 힌트가 보이고, 여기에서 자연스럽게 다독한 내용이 떠올라서 답을 기억하게 되는 것이 다독 공부법의 핵심이다. 하지만 빈 공책 공부법의 경우에는 아예 머릿속에 정확히 저장하는 것이라서 진짜로 어려운 시험 등에 더욱 적합하다고 생각된다. 둘 중 뭐가 나을지는 개인의 취향에 맡긴다.

시험을 볼 때

벼락치기가 필요하다고 할지라도 잠은 꼭 자라. 범위가 상당히 넓은데 시간이 너무 없다거나 달달달 외워도 뭔가 집중이 안 될 때에는 그냥 그 범위의 교과서 내용과 필기한 것들을 쭉 읽어보자. 아까 이야기했던 다독 공부법을 말하는 것이다.

수면 시간 서너 시간 정도만 확보하고 다시 쭉 읽어보자. 통상 3차례 정도 읽었다면 놓친 것 없이 정리가 되었을 것이다. 그리고 자자. 괜히 기억나지 않는 부분을 체크하고 자겠다고 하지 말고 당신의 뇌를 믿어라. 뇌에게 수면 중에 잘 정리해달라고 부탁하고 잠을 자자.

자고 일어나면 다시 쭉 읽어보자. 그리고 시험장에 들어선다.

괜히 시험 직전까지 하나라도 더 봐야지 하는 집착을 하지 말고 마음을 평온하게 만들자. 머릿속에 넣는 작업은 이미 다 했으니, 조급한 마음에 알고 있는 것을 상기하지 못하는 경우가 발생하지 않게끔 하는 것이 더 중요하다.

눈을 감고 조용히 호흡을 다듬어 보자.

자, 시험지를 받았다. 이제 자연스럽게 기억날 것이다.

"야 몇 번 답이 뭐냐. 왜 그게 답이냐?"

한 과목이 끝나면 익숙한 풍경이다. 남들이 옥신각신할 때 문제에 집착하지 말고 뇌를 정리해라. 뭘 맞춰보나? 그럴 시간에 5분간 다음 시험을 위해 포인트를 정리하고 5분간은 마음을 가다듬으면서 다음 시험을 준비하자. 대신에 헷갈리게 만든 문제가 있다면 시험 기간이 다 끝나고 오답 노트에 기록해두자. 중간고사든 기말고사든 모의고사든 이 오답 노트는 국영수에 비해서 탐구 영역에서 더욱 빛을 발할 것이다.

사람이 아무리 공부를 열심히 해도 틀릴 수 있다. 시험을 못 볼 수도 있다. 노력에 비해 성과가 없으면 억울하고 분하다. 하지만 정말로 중요한 것은 우리의 목표는 대학 입학 때까지다. 내신을 못 보았다면 틀린 문제가 수능에 적용될 수 있는 내용인지를 확인하고, 다시는 틀리지 않는 문제로 만드는 노력이 훨씬 중요하다.

자신에 대해 분노하기보다는 자신을 성장시키는 방향에 더욱 마음과 시간을 쏟자.

마지막으로 내신 기간 중 하루가 끝나고 난 다음에 마음이 풀어질 수 있는데 당연히 그러면 안 된다. 나는 내신 기간 중에도 수능 공부를 함께 이어갔는데 앞서 국영수에서 언급했던 문제 풀이는 계속적으로 하면서 시험 기간에 확보되는 시간 동안 내신 시험 준비를 같이 하는 것이다.

내신 시험이 끝나도 그냥 중간고사나 기말고사가 끝난 것이지 입시 전체는 전혀 끝나지 않았다. 대학생 중에 '내가 중간고사는 개보다 잘했는데 수능 등급이 더 안 좋아서 억울하다.' 하는 사람이 있는가? 내신은 스쳐가는 것이고, 당신의 공부 리듬은 쭉 지켜져야 한다.

EBS는 탐구 영역의 학원이다

고등학교 3학년 여름방학을 맞이할 정도면 각종 모의고사를 준비하면서 공부했던 것과 오답 노트, 학교 수업으로 탐구 영역에 어느 정도 길이 보일 것이다.

내 기준으로 본다면 사회 탐구 전 영역이나, 화학, 지구과학 등의 분야는 학교 수업과 학교 부교재, 오답 노트로 성적을 올릴 수 있다는 것을 상당히 확신할 수 있었지만 물리는 좀 문제가 있었다. 하지만 수학 정도는 아니어서 EBS와 함께 고난의 행군을 좀 시작했다. 이 고난의 행군이라는 것은 영어 때와 똑같이 '같은 문제집 반복 풀기'이다.

사관학교 1차 시험이 끝나고 나면 6월 중순을 넘기는데 이제는 전반적인 등급 관리를 슬슬 준비해야 한다. 성적표에 따라 다르겠지만 나는 7월 정도부터 탐구 영역 전체에 대해서 반복 풀기의 고난의 행군을 시작했고, 8월 여름방학 때 수학의 '기본서 세 번 풀기' 영어의 '고난의 행군'을 집중적으로 잡은 후, 9월 모의고사를 보았을 때 탐구 영역은 2등급, 나머지는 1등급을 만들 수 있었다.

지금 와서 생각해 보면 물리는 수학만큼이나 어려운 과목이다. 특히 수학을 기본으로 하는 학문인데, 수능을 준비하는 우리는 다음과 같은 이유에서 수학보다는 좀 더 적은 시간 투자로 공부할 수 있다.

첫째, 2학년 겨울부터 수학의 기본을 미리 다져서 그나마 기초 공식 활용에 도움이 좀 되어, 최초 수학 공부를 시작할 때와 같이 아예 접근이 불가능한 것은 없다는 점, 둘째, 수학에 비해서 많은 문제가 출제되지 않기 때문에 기출문제를 모조리 풀겠다는 각오까지는 필요 없다는 점이다.

그러나 단원별로 새로운 주제에 대한 이해가 필요하기 때문에

EBS 교재를 2번 정도 풀어보면서 2등급을 만들 수 있었다. 개인별로 맞는 과목이 따로 있기 때문에 누군가는 다른 과목에서 나와 비슷한 상황을 마주칠 수 있다.

내가 추천하는 것은 EBS 교재인데, 이것이 좋은 것이 일반 문제집처럼 다 풀고 난 다음에 이해가 잘 안 되는 단원이나 이해가 안 되는 문제는 해설뿐만 아니라 강의를 들을 수 있고, 심지어 무료이다. 다만 조심해야 하는 것은 인터넷을 켜는 일인데, 이때 옆길로 새지 않도록 충분한 마음의 준비를 해야 한다.

9월 모의고사 한 달 후, 수능 전 마지막 모의고사를 치르게 되는데 이제부터 수학은 기출문제 무한 풀이, 영어는 고난의 행군, 국어와 탐구 영역은 오답 노트 정리와 기출문제 풀이를 지속적으로 하다 보면 전체 1등급, 또는 최소 한 과목을 빼고는 모두 1등급이 되어 있을 것이다.

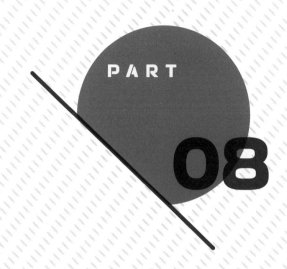

PART

08

모의고사

"
_____

"한 번 실패와 영원한 실패를 혼동하지 마라."
- 스콧 핏제랄 -

_____   "

수능과 관련해서 내용을 좀 기록해야겠다고 생각한 가장 큰 계기는 고등학교 2학년 마지막 전국 모의고사 때문이었다.

1장에서 잠시 소개했지만 선생님들이 공통적으로 하시는 말씀이 2학년 마지막 전국 모의고사, 또는 3학년 가을 전국 모의고사가 최종 본인의 등급이라고 판단하고 진로를 생각하라는 것이었다. 그 이유인즉, 지금부터는 모두가 열심히 공부하기 때문에 등급에 큰 차이가 없고, 오히려 성적이 떨어질 가능성이 큰데, 그 이유는 고등학교 3학년 외의 수험생들도 존재하기 때문이라고 하셨다. 대부분 저렇게 생각할 텐데 나는 생각이 조금 다르다.

지금의 상황을 어떻게 생각하느냐, 수능 공략에 대한 전략을 어떻게 짜서 접근하느냐에 따라 결과는 크게 달라질 수밖에 없다.

만약에 그때 그 이야기를 수긍하고 점수에 맞추어 진로부터 고민했다면 해군사관학교는 엄두도 못 내거나, 아니면 어차피 재수할 테니까 이번 수능은 경험 삼아 쳐봐야겠다는 안일한 마음으로 제대로 노력을 기울이지 못했을 것이다. 그리고 그렇게 안일하게 수능을 경험하면 별 도움도 안 된다. 전심전력으로 부딪혀야 정말로 내가 부족한 것이 멘탈인지, 체력인지, 공부 습관인지를 확인할 수 있는 것이다.

그런데 그 전심전력이라는 것은 상당히 육체적, 정신적인 피로를 동반한다. 재수생, 삼수생도 많다. 그런데 1년간 바짝 공부한 내가 이렇게 지치는데 그들은 더 지치지 않을까?

오랜 경력은 그 분야에 대한 익숙함을 의미할 뿐 그 분야를 정복하는데 절대적 우위에 있다고는 할 수 없다. 현역이라고 해서 절대 N수생에 비해서 불리하다고 말할 수 없다는 것이다.

다만, 선생님들의 말씀은 그동안 계속해서 봐왔던 귀납추리의 결과이기 때문에 당신이 일반적인 예상에서 벗어난 성적 향상을 꿈꾼다면 선생님들이 보셨던 학생들과 달리 더 밀도 높은 공부를 해야 한다. 이 밀도라는 것은 시간과도 연관이 깊지만 '불필요한 것'을 줄이고 '최대한 실전에 가깝게'준비하는 것이 핵심이다.

마구잡이로 신체에 꼭 필요한 수면 시간을 줄이라는 것이 아니다. 불필요한 동작, 고민, 습관들을 제거하고, 수능 시험을 위해 꼭 필요한 생각, 딱 필요한 등급을 받을 만한 시간 투자, 그리고 실제 수능에서 준비된 것들을 발휘할 수 있는 연습을 하라는 것이다.

그런 점에서 일단 모의고사는 크게 세 가지의 효과가 있다. 앞서 언급되었지만 중요한 것이라 다시 말해야 할 것 같다.

첫째, 모의고사는 수능이라는 각오로 봐야 한다. 이것은 실제 수능에서의 시간 배분, 긴장감 등을 체험할 기회다. '그냥 모의고사였는데 뭘.' 하는 마음가짐은 아무런 도움이 안 된다. 일단 제대로 준비하고 쳐야 실제 당신의 실력이 나타나고, 그게 어느 정도의 등급으로 나타난다. 그렇게 해야 다음에 언급할 오답 노트와 성적표를 실제적으로 활용할 수 있다.

패턴은 이거다. 평소에는 국영수를 중심으로 열심히 공부를 하다가 내신이나 모의고사 전 약 2주 정도는 탐구 영역까지 자연스럽게 공부하자. 이때 공부하면서 평소에는 잘 접하지 못했던 과목들을 공부하는 시간을 확보하는 것이다.

그리고 모의고사에 임할 때에는 시험을 준비하는 과정이나 시험을 치는 중에는 '이것이 수능이다.'라는 마음으로 치고, 시험이 끝난 후에는 '여기서 틀린 것이 수능에 나온다.'라는 마음을 가져야 한다. 이것이 연습이 되면 수능도 모의고사와 별다를 것 없이 치를 수 있다.

수능 날 무엇 때문에 시험을 망쳤다는 온갖 '수능 괴담'은 모의고사를 통한 실전 준비로 해결할 수 있다.

둘째, 모의고사는 오답 노트의 좋은 재료이다. 실수든 정말 모르는 것이든 '이것만 소화시키면 지금보다는 확실히 성적을 향상시킬 수 있는' 재료들이 오답이라는 모습으로 나타난다.

오답 노트라는 것은 앞서 언급했던 것과 같이 수능 전날까지 가지고 가야 할 중요한 자료가 된다. 하지만 이 오답 노트가 정말로 힘을 발휘하기 위해서는 첫째와 같이 최선을 다한 준비의 결과여야만 한다. 당연히 그래야 최선을 다해서 준비한 수능에서 틀릴 만한 문제가 오답으로 선별될 수 있기 때문이다.

오답 노트는 많으면 마음은 편하지만 시간 날 때마다 봐야 하기 때문에 풀 수 있는 내용이 많이 포함될수록 스스로도 보는데 지치고, 효율성이 떨어진다. 그리고 실제 수능 시험장에 봐야 할 자료를 많이 가지고 가면 갈수록 오히려 헷갈린다.

오답 노트와 단어장은 모의고사를 보고 평소에 공부를 하면서 정제하고 정제해서 수능 때 혹여 실수하거나 놓칠 수 있는 가능성이 높은 것을 상기시켜주는 역할을 해야 한다. 처음 만들 때는 뭉툭한 금속이었지만 불필요한 부분을 갈고 갈아서 마지막에 예리한 면도칼처럼 만들어서 수능 때 꼭 필요한 부분만 날카롭게 베어내야 한다.

셋째, 과목별 등급을 보고 분석하자.

최선을 다해 쳤던 시험의 결과를 보면 당신의 강점과 약점이 드러난다. 나와 같이 국영수에 엄청나게 집중투자하고, 시험 기간을 활용하여 탐구 영역을 공부하는 것이 절대로 정답이라는 것은 아니다. 이것은 내 성적표에 맞춘 전략에 불과한 것이다.

당신이 만약 수학에서 항상 1등급이라면 당연히 다른 과목에 투자하는 것이 낫다. 하지만 아직 2등급 이하이고 기출문제만 풀어서 등급 상승이 잘 안 된다면 '기본서 세 번 풀기'는 강력하게 권한다.

또 영어나 국어는 공부를 크게 투자하지 않고도 늘 잘하는 사람들이 있다. 이때는 다른 과목을 보강하는 것이 더욱 좋다.

결론적으로 무엇보다도 자신의 성적표를 분석해서 자신의 약점을 보완하는 것이 중요하다.

다만, 성급하게 성적을 올리기 위해 단기간에 탐구 영역에 투자해 더 큰 것을 놓치지 말라는 것을 강조하고 싶다.

고등학교 2학년 2학기가 지나서 등급이 거의 결정된 상태에서 조금이라도 더 성적을 올려보자는 심정으로 전 영역을 공부하기보다 내 경험담을 참고해 성적표를 명확히 보고 최적의 전략을 세워보자.

넷째, 무엇보다도 중요한 것은 모의고사의 성적표. 이것은 현재 당신의 상태를 나타내는 것이지 수능 시험을 보는 날의 상태가 아니다. 앞서서 이야기한 것과 같이 성적표에는 당신의 성장 사항은 전혀 포함되어 있지 않다. 따라서 수능 날 당신은 지금의 성적표와 다른 등급을 받을 수 있다.

좀 등수가 뒤에 있으면 어떤가? 남들보다 더 빨리 달리면 나중에는 대다수를 따라잡을 수 있다. 이 책은 그러기 위한 경험들을 팁으로 제시한 책이니 참고하기 바란다.

일반적으로 '이때쯤의 등급은 모두 열심히 하기 때문에 변동이 없다, 재수생들이 포함되면 더 등수가 밀릴 수 있다.'는 말은 모두 상식적으로 맞다. 그러나 사람의 성장, 경쟁이라는 것은 그렇게 고정적이고 예측 가능하지 않다.

수능을 오래 준비한 사람일수록 후반부에 안정적인 실력을 가지게 되면 지쳐서 페이스가 떨어질 수 있고, 반대로 늦었다고 생각하는 시기에 뛰어들어서 최고의 기록을 거둘 수도 있다.

하지만 그런 모든 상황을 떠나서 공통적인 사항은 이 막판 스퍼트를 소홀히 할 수 없다는 것이다. 한번 모의고사를 잘못 봤다고 해서, 나름 계획대로 진행했는데 전체적인 등급이 떨어져서 부모님과 선생님들이 잔소리 좀 한다고 해서 거기에 주눅들 필요가 전혀 없다.

인생을 길게 보면 수능 그 자체가 엄청난 실패라고 할 수도 없는 데다가 수능 때까지 일어난 모든 일은 작은 조각에 불과할 뿐 아직 아무 일도 일어나지 않은 것과 마찬가지다.

전투에서의 패배를 전쟁에서의 패배로 판단하는 우를 범하지 말자. 이순신 제독께서도 부재 중 칠천량 해전에서 패한 함대를 인계받으셨지만 이때 포기하지 않으셔서 명량해전과 노량해전을 통해 임진왜란이라는 전쟁을 종결하시지 않았나. 당신에 대해서 많은 것을 나타내주는 것이 모의고사지만 또 그것을 활용해서 성장한다면 훨씬 더 좋은 성과를 얻을 수 있다.

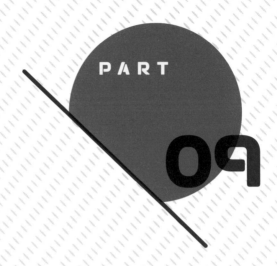

PART

09

체력검정과
신체검사,
그리고 면접

"

_____

"오늘 할 수 있는 일에 전력을 다하라.
그러면 내일에는 한 걸음 더 진보한다."
- 뉴턴 -

_____

"

지레 겁먹지 말자

사실 사관학교 입학 때까지 육체적인 능력과 정신 무장은 크게 중요하지 않다. 사실대로 이야기하자면 입교에 필요한 조건은 수학능력시험이 80% 이상이라고 본다. 체력이라든지 정신 상태라든지 장교로서 요구되는 것들은 졸업 때 필요한 여건에 더욱 가깝다.

사관학교 선배로서 이야기하자면 사관학교 입학시험은 장교로서의 역량을 갖출 그릇이 되는지를 보는 것이고, 졸업 여건은 그 그릇을 최대한 키워 실제 장교로서 업무를 수행할 수 있는 내용들을 채우는 것에 가깝다. 그래서 일단 입교하면 졸업 때까지는 모두 제로에서 다시 시작하기 때문에 '이 능력으로 들어가서 잘할 수 있을까?' 하는 걱정은 전혀 할 필요가 없다. 당연히 나도 그랬고, 나 같이 별다른 배경이 없는 녀석도 특목고 출신 동기들이나 고위 장교이신 부모님을 둔 동기들과 함께 경쟁했지만 딱히 밀릴 것도 없었다. 일단 들어가면 다 똑같다.

어쨌든 체력과 면접 분야의 경우 몇 개월 정도 준비한다면 그렇게 어려운 조건은 아니다. 게다가 꼭 높은 등급을 받을 필요도 없다. 면접도 꼭 사관학교에 가겠다는 의지가 있다면 큰 문제는 없다. 다만, 사고를 치지 않는 것이 좋겠다.

그러나 과거 좋지 않은 행실의 기록이 있다고 해도 운이 좋으면 사관학교에서 용인될 수 있는 수준으로서 받아줄 수도 있다. 그때는 더 노력해서 예전의 실수를 차근차근 만회해 나가야 하는데, 만일 그것 때문에 제한이 된다면 그건 우리들의 업이니까 담담히 받아들이는 수밖에 없다.

너무한 거 아니냐고?

사관학교는 당연히 일국의 장교를 양성하는 기관이라 생활 태도에 민감하다. 나쁜 짓 하지 말자.

일단 체력검정과 면접에 대한 이야기를 해보자. 여기서 신체검사는 제외했다. 왜냐하면 안 되는 것은 안 되는 것이기 때문이다. 신체검사에서 만약 문제가 생긴다면 운명이라고 생각하자. 하지만 미리 겁내고 아예 안 갈 필요는 없다. 결국 수치를 재는 것도 사람이라서 각오와 태도가 있다면 굳이 칼같이 잘라내지 않는다는 기대를 가져보자.

풍문에 따르면 어떤 인물은 해군 사관학교 신체검사 때 키가 지원 조건에 약간 미달했다고 한다. 하지만 꼭 가고 싶다는 그의 의지를 보고 당시의 군의관이 이 나이 때의 키는 더 자랄 것이라고 설득해 최저 키로 기록되었고, 이후 진짜 입교할 때까지 키가 더 자라 졸업까지 아무 문제가 없었다는 이야기가 있다. 믿거나 말거나.

하여간 스스로 지레 겁먹고 아예 포기하는 것은 좋지 않다는 것이다. 혹시 아는가? 하루 만에 키가 좀 더 크거나 몸무게가 좀 더 늘 수도 있지 않을까? 아니면 신체검사하는 기구에 따라서 조금 다른 수치가 나올지도. 신체검사 이야기는 여기까지 하고 그 외에 노력으로 향상 가능한 것들을 점검해보자.

체력검정

육·해·공군사관학교의 체력검정 분야는 조금씩 다르다. 하지만 일단 나의 모교인 해군사관학교를 기준으로 준비한다 해도 기초 체력만 만들어두면 다른 종목은 요령만 조금 깨우치면 금방 향상될 것으로 판단된다. 그래서 해군사관학교 체력검정 종목인 팔 굽혀 펴기, 윗몸 일으키기, 1500미터 달리기를 기준으로 설명하겠다. 체력검정을 위해 평소에 체력을 기본적으로 조금씩 만들어두는 것도 중요하고, 실제로 평가를 할 때 긴장해서 제풀에 지쳐버리는 것들을 피하는 것도 중요하다. 만화를 보면 주인공들이 평소에는 평범하다가 특정한 순간이 오면 근육이 막 증폭하고 힘이 몇 배로 강해지는데 그건 그야말로 만화 이야기다. 수능을 준비하는 것과 같이 체력도 근력도 꾸준한 관리에서 만들어지는 것이다.

우선 팔 굽혀 펴기는 2분에 62회가 만점이다. 또, 윗몸 일으키기는 2분에 79회가 만점이다. 운동을 평소에 하는 사람이라면 별것 아니겠지만 수능 공부만 하는 학생에게는 그렇게 쉽지만은 않을 것이다. 굳이 만점을 받을 필요는 없지만 수개월 준비하면 근력도 얻고 수험 생활 중 몸매도 가꿀 수 있다. 어차피 횟수를 늘려가는 훈련이기 때문에 일찍 꾸준히 준비하면 만점일 테고 늦게 시작하면 좀 못할 것이다. 내신, 수능을 포함한 전체적인 합격을 기준으로 할 때 체력 검정이란 점수 배점이 그렇게 크지 않으니 너무 신경 쓸 필요는 없다.

이것을 굳이 강조하는 이유는 운동을 시작할 때 의욕이 앞서 무리하다가 컨디션을 망치는 경우가 많기 때문이다. 당신은 오늘도 내일도 공부할 것이 무척이나 많다. 공부할 때는 참 무엇이든 다 재밌는 거, 이해한다. 하지만 수능이 일단 한 번이니까 체력 증진은 딱 일일 필요한 수준만 해보자. 다른 것들은 가장 효율적으로 유지하고 나머지는 수능을 위해서 밀도 높은 생활을 하는 것이 우리의 목표이다.

윗몸 일으키기와 팔 굽혀 펴기를 하나로 묶어서 설명하는 이유는 둘 다 대표적인 근지구력 훈련이기 때문이다. 둘은 자세와 쓰는 근육만 다르지 효과적인 훈련 방법도 비슷하다.

기본은 매일 2분을 정해놓고 할 수 있는 수량을 쉬지 않고 하는 것이다. 만약에 2분 안에 이미 만점인 62개를 할 수 있다면 전체 시간이 2분이 될 때까지 더 많은 횟수를 시도하자. 말은 이렇게 했지만 특별한 운동을 하지 않은 수험생이라면 한 번에 스무 개도 쉽지 않을 것이다. 다 하고 나면 팔에서 가슴까지 당기며 빨리 앉고 싶어진다. 하지만 스무 개를 했다고 주저앉지 말고 더 시도를 해보고, 최소한 2분 동안은 팔 굽혀 펴기 자세를 유지하자. 할 수 있으면 팔을 벌벌 떨면서도 가능한 한 더 해보자. 사관학교 체력검정을 하는 실전에서도 도움이 된다.

나중에 이야기하겠지만 그냥 바닥에서 하는 것이 아니라 푸시업 봉을 이용하기 때문에 약간 지상에서 올라와 있는 것을 잡고 하는 것이 좋다.

윗몸 일으키기도 똑같다. 다만 자세를 유지할 필요가 없기 때문에 2분 동안 계속하면 된다. 약간 부족하다 싶으면 2분이 지났다고 하더라도 한 10회 정도 더 해보자. 시작한지 오래되지 않으면 매일매일 할 때마다 근육이 아플 것인데 한 이틀 쉬어버리면 도루묵이므로 꾸준히 하는 것을 목표로 하자.

근지구력은 끈지구력이다. 쉬지 않고 하자. 이 운동은 감기일 때도 할 수 있는 것이니까 쉴 생각하지 말자. 두 종목 준비 시간을 합쳐도 10분이 채 안 걸린다.

실제 나의 연습 방법은 소개와는 좀 달랐는데 나는 원래 근력 운동을 즐겨 했다. 그래서 팔 굽혀 펴기는 일단 시간제한 없이 70개라는 세팅을 만들어두고 아침과 저녁에 한 번씩 매일 2세트를 항상 했다. 이때 70개를 할 때 요령은 50회는 쉬지 않고 하고 나머지 20회는 팔을 편 상태로 약간 쉬다가 더 하는 방법이다.

만약 한 번에 할 수 있는 횟수가 62개라면 40회를 쉬지 않고 한 다음에 22회를 쉬면서 더 하면 된다. 또 윗몸 일으키기의 경우에는 시간 상관없이 하루에 100회씩 꾸준히 하면 된다. 다른 생각하면서 그냥 누워서 다리를 쭉 펴고 100회씩 해두면, 후에 체력검정 때 소개할 요령을 사용하면, 79회는 크게 어렵지 않게 할 수 있게 된다. 다만 이것은 내 신체적 조건을 활용한 운동법이기 때문에 개인 차이가 있을 수 있다. 내가 현재 2분 동안 몇 회나 할 수 있는지와 안 쉬고 한 번에 몇 회를 할 수 있는지를 알아보기 바란다. 이것을 알아야 성적표와 같이 몇 번을 끊어서 최대 몇 회까지 해야겠다는 목표를 세울 수 있다.

오래 달리기. 이건 1500미터를 5분 34초 내에 통과하면 만점이다. 평소에 1500미터를 꾸준히 달려놓자. 일반적인 학교 운동장이라면 5~6바퀴면 될 것이다. 사실 수험생이 매일 운동하는 것도 부담스러울 수 있다. 나 같은 경우에는 학교에서 야간 자율 학습이라는 것을 했다. 수업 후 저녁 10시까지 자율 학습을 하는 것인데, 이때 집에 가서 추가적인 공부를 하기 전에 운동장을 뛰는 것이다.

나는 원래 달리기 자체를 별로 좋아하지 않아 다른 대안도 찾았는데, 비가 오거나 달릴 장소가 여의치 않으면 줄넘기도 나쁘지 않았다. 다만 줄넘기로 대체하려면 적어도 20분은 쉬지 않고 해야 한다. 하지만 결국에는 실제로 달려야 하기 때문에 몇 개월 몸을 만들어 놓으면 마지막 1주 정도는 달리기의 실제 기록을 재면서 준비하는 것이 좋다. 이 기록을 잴 때까지 체력을 기를 때는 호흡을 기준으로 달리는 속도를 향상시켜보자.

만약 당신이 지금까지 달리기라는 것을 전혀 가까이 안 했다면 1500미터도 그렇게 만만하게 볼 거리가 아니다. 속도는 신경 쓰지 말고 들이쉴 때 '습', 내쉴 때 '후'라는 소리를 내면서 한 발에 한 호흡씩 뛰어보자.

"습습후후"

한 열흘간 이렇게 연습했다면 어느 정도 몸이 익숙해졌을 것이다. '습습후후' 달리기 자체의 속도가 처음보다 빨라졌을 것이다.

이제는 속도를 좀 올려보자. 1500미터의 반은 '습습후후'로 달리고 나머지 반은 들이쉴 때 '습', 내쉴 때 '하'하는 소리를 내면서 두 걸음에 저 호흡 정도로 유지해보자. 주변에 누가 있다면 발음에 유의하자. 저 다음 단계도 있지만 체력 검사는 저 정도 준비로도 충분하다.

저 단계를 열흘 정도 해서 익숙해지면 기록을 재면서 해보자. '습습후후' 단계가 짧으면 짧을수록 좋긴 한데, 또 너무 짧으면 '습하' 단계에서 제 실력이 안 나온다. 체력검정 때까지 목표는 '습습후후' 단계를 전체 1/3 정도로 하며 기록을 만드는 것이 좋다. 혹시 몸이 너무 피곤할 때에는 전체를 '습습후후'로 기분 좋게 땀 흘릴 정도만 운동하고 무리하지는 말자. 당신은 지금 해병대 수색대나 UDT, UDU 요원으로서 운동하는 것이 아니라 그 기본이 되는 사관학교에 입학하기 위한 기초 체력을 만들고 있는 것이다.

지금까지는 평소 체력 단련 이야기였다. 그리고 이것은 기본 적으로 한 달 코스로 만든 것이다. 시간적 여유가 있다면 시험 삼아 한 달만 이렇게 운동해보고 기록이 나쁘지 않다면 공부에 전념하자. 그리고 체력검정 전 한 달간 해당 코스로 준비하자. 큰 문제가 없다면 최대 1~2개월이면 만점이 아니더라도 통과할 점수는 충분할 것이다.

지금부터는 체력검정을 위한 실전이다.

사관학교에서 팔 굽혀 펴기 체력검정을 할 때 손바닥을 바닥에 바로 닿게 하지 않고 지상에서 떨어져있는 봉을 잡고 한다. 그래서 더 쉬울 것 같지만 이게 의외로 느낌이 많이 다르다.

봉을 잡고 쓰는 근육과 바닥을 손바닥으로 디디고 쓰는 근육은 자세가 다르기 때문에 미세한 차이가 있다. 그 말인즉, 평소에도 최대한 실전에 가깝게 연습하는 것이 좋다는 것이다. 헬스 용품을 보면 앞서 잠깐 언급했던 팔 굽혀 펴기용 푸시업 봉이라는 것이 있는데 그것을 사용하는 것도 좋다.

나는 수업 중 이용되는 교탁을 손으로 잡는 동작을 한 후에 연습을 했다. 두 동작의 차이를 굳이 말하자면 체력검정용 동작이 손목 부위에 힘이 더 요구된다.

팔 굽혀 펴기 테스트를 할 때 요령은, 팔도 팔이지만 횟수를 잴 때는 가슴이 푸시업 봉에 닿았다가 올라오는 것을 기준으로 체크한다. 이때 가슴이 크게 내려갔다가 올라오는 것을 호흡을 맞추어 해주면 훨씬 팔 근육의 부담이 줄어들게 된다. 그리고 호흡은 내려가서 '훅' 불어주면서 올라오면 좀 더 편하다.

실제로 중력을 이기고 올라올 때 호흡을 뱉어주는 것이다. 여유 있게 만점을 얻을 수 있는 근력을 이미 갖추었다면 굳이 이런 요령을 쓸 필요는 없지만 혹시 한 등급이라도 아쉽다면 의외로 쓸 만할 것이다.

다음은 윗몸 일으키기다. 기본적으로 손은 X자로 가슴 앞에 두어야 하고 배치기는 금지되어 있다. 배치기란 누워있는 상태에서 배를 들었다가 등의 아랫부분을 매트에 튕기면서 그 반동으로 올라오는, 정확히 이야기하자면 '아래 등치기'다.

실제로 해보면 무슨 말인지 쉽게 알 수 있다. 하여간 검정하기 전에 통상 배치기하지 말라고 할 것인데, 사실상 아주 빠른 속도로 윗몸 일으키기를 하려고 하면 거의 배치기와 비슷한 동작을 하게 된다.

기록을 다투는 사람을 보면 일부러 등을 바닥으로 빠르게 꽂았다가 다시 올라와야 하기 때문에 어쩔 수 없이 퍽퍽 소리가 나면서 배치기 같이 된다는 것을 알 수 있다.

하지만 횟수를 셀 때 중요한 것은 등이 다 닿고, 팔꿈치가 무릎에 닿게 올라오는 것이기 때문에 '빨리 하기 위한 배치기'는 허용할 수밖에 없다. 그리고 이 동작은 굳이 이름 붙이자면 '위 등치기'에 더 가까워 보여서 척 보면 이게 배를 치려고 치는 것인지 빨리 하려고 하는 것인지 그 동작이 구분된다. 지레 겁먹고 연습한 횟수를 발휘 못할 필요는 없다는 것이다.

다리를 단단히 고정하고 시작하며 팔꿈치가 무릎에 닿자마자 목 근육을 뒤로 당겨 등을 완전히 매트에 닿게 하면서 튕긴다는 느낌으로 다시 목 근육과 복근, 허벅지 근육을 충분히 사용해서 올라오며 반복하자. 호흡은 튕겨 올라올 때 뱉고 내려갈 때 들이쉬면 된다. 평소에 윗몸 일으키기를 하고 나서 복근이 당겼다면 이렇게 검정을 받고 나면 복근보다는 목과 허벅지의 근육이 더 피곤할 것이다.

마지막은 1500미터 달리기다.

달리기에서 중요한 것은 '몸풀기'와 '사점'을 어떻게 제어하느냐다. 여기서 말하는 몸풀기는 달리기 전 부상을 예방하는 차원이 아니다. 실제로 달리는 중에 초반은 몸을 푸는 것이고, 후반부터 실제 속력을 내는 단계인데, 초반 단계를 말하는 것이다. 달리기 전에 너무 준비 운동으로 몸을 풀어버리면 또 은근히 기록이 안 나온다.

사점이란 달리다 보면 숨이 차고 힘든데, 그 고통이 어느 순간 사라지는 시점이다. 이것을 그동안 연습해왔던 호흡법과 페이스 조절로 통제할 예정이다.

나는 기본 체조나 혹시 있을 부상에 대비해서 발목을 푸는 정도가 달리기 전에 딱 좋은 몸풀기였다.

1500미터 코스를 보고 머릿속으로 1/4 지점을 정해라. 거기까지가 우리의 몸풀기 코스라고 할 수 있다. 몸풀기란 평소에 연습했던 '습습후' 과정을 말한다. 초반부터 너무 빠르게 달리려 하지 말고, 1/4 지점에서 '습습후'의 호흡으로는 발이 좀 빠르다 싶은 정도의 속도로 서서히 올리는 것이 좋다. 이후 '습하'로 전환한 다음에 조금씩 속도를 올리다 보면 어느새 사점을 지나있을 것이다. 그때부터 동일한 페이스를 유지하면서 계속 외치자.

"습하! 습하!"

마지막 한 바퀴가 남았을 때 페이스는 전혀 중요하지 않으니 상체를 앞으로 기울이고 양 팔로 허공을 디디듯 모든 속력을 다 내어 달려서 골인하자.

참고삼아 말하자면 전체 시간의 기록도 중요하지만 들어온 순번에 따라서 그 시간이 어느 정도 반영될 수밖에 없다. 즉 커트라인에 A, B 두 명이 순서대로 거의 동시에 들어오면 A는 B보다 한 단계 높은 등급을 받게 될 가능성이 크다는 것이다.

면접

사관학교 면접은 생각보다 그렇게 어렵지 않다. 장교가 되어서 자주국방에 직접적인 도움이 되고 싶다는 건전한 생각을 기반으로 지원하고 있다는 것을 말로써 보여주면 된다. 앞서서 언급했듯이 사관학교 입학시험은 사관학교의 교육을 받아들일 수 있는 그릇인가 아닌가의 시험일뿐이다. 벌써부터 조국과 민족만을 위하는 장교가 되려는 무리한 생각을 할 필요는 없다. 진심 없는 이야기는 사실 별로 와닿지도 않는다. 상식적인 측면에서 접근하면 된다.

우리나라는 자유민주주의를 선택하고 있고, 군은 정치적 중립을 유지하며 국민의 생명과 자산을 지키는 것을 기본으로 한다는 정도만 생각해두자.

벌써 10년도 더 지났지만 나의 해군사관학교 면접 문제는 두 가지였다. 더 있었을 수도 있지만 질문과 대답이 그것만 생각났다.

첫째는 가수 유 모 씨에 대해서 어떻게 생각하는가, 둘째는 왜 해군사관학교에 지원했는가였다.

첫째 질문에 대해서 요즘 학생들이 모를 수도 있기에 첨언을 하자면, 가수 유 모 씨는 당시 국내에서 독보적인 가수였다. 자신만의 확고한 스타일의 가창력과 댄스 실력을 가지고 어떤 음악 프로그램에 나오더라도 무조건 1등을 할 정도였으니. 물론 나도 아주 좋아했고, 심지어 동경하던 가수였다. 하지만 문제가 된 것은 군 복무 문제였다. 당연히 대한민국의 남자로서 군대에 가겠다고 국민들과 약속했고, 또 국방부로부터 공익 복무 중에도 활동을 보장받았다. 그럼에도 불구하고 미국에 잠깐 다녀오겠다는 거짓말을 하고 가더니 미국 시민권을 취득해 복무를 기피했다.

지금이라면 이 사정을 자세히 알고, 훨씬 사관의 입장에서 많은 이야기를 할 수 있었겠지만 당시의 나로서는 다음과 같은 대답이 최선이었다.

"그 가수의 팬으로서 항상 응원했지만 옳은 것은 옳고 틀린 것은 틀린 것입니다. 더 많은 활동은 볼 수 없겠지만 대한민국 국민으로서 지켜야할 의무를 다하지 않은 사람이라고 생각합니다."

하도 대답이 짧았던지 면접관들은 나의 다음 말을 기다리다가 내가 말을 더듬기 시작하자 두 번째 질문으로 넘어갔다.

"부산에서 자라서 어릴 적부터 바다라는 이미지가 친숙했습니다. 무엇보다도 우리 고등학교에 방문한 해군사관생도가 너무 멋있어서 그렇게 되고 싶어서 지원했습니다."

물론 내 선택에 가장 큰 요소 중 하나였던 경제적인 것들에 대해서는 크게 어필하지 않았다. 해군의 삶이라든가 애국심, 우리나라의

지리적, 외교적 상황과 해군의 중요성 등은 아직 와 닿지도 않았고 잘 알지 못했다. 그러니까 그게 보통 고등학생의 상식인 것이다.

사관학교 면접관들은 보통 해군 장교들이다. 따라서 일반적인 작전을 하는 장교들은 수병, 즉 해군 병사들을 보고 많은 대화를 통해서 대강의 마음을 읽는 능력이 있고, 교수 요원들은 생도들을 교육하면서 그러한 훈련이 되어있다. 즉 커뮤니케이션 능력이 어느 정도 되어있는 사람들이다. 이러한 사람들을 상대로 굳이 면접의 기술을 배워서 응용하거나 그럴 필요는 없다. 오히려 진심 없이 만들어진 멘트들은 불편할 수 있다. 그저 예의를 벗어나지 않는 선에서 상식적으로 이야기하면 된다.

입학하려는 의지가 있다면 이 정도는 어렵지 않을 것이다. 그리고 혹시나 정말 적당한 대답이 없다면 "해군 장교가 쓴 책을 보고 순항 훈련과 장교의 삶에 대해서 궁금함이 느껴졌습니다. 그가 항상 감사하는 해군이라는 조직을 알게 되어 내 고향과 가족들을 지키기 위해서 지원했습니다." 정도로 이야기하면 그 나이대에 딱 어울리는 진실된 내용으로 보이지 않을까 싶다.

노력, 수능 시간표가 당신의 신체 리듬이 되도록

"무언가 자꾸 반복하다 보면 우리 자신이 그것이 된다."
- 아리스토텔레스 -

사관학교 면접을 마치고 나면 이제는 정말로 수학능력시험이라는 마지막 관문만 앞두고 있을 것이다. 지금부터는 수능이 결국 사관학교 입학시험 그 자체다. 우리 중 누군가는 어릴 적부터 차분히 실력을 갈고 닦아서 평소 실력 자체가 든든한 사람도 있을 것이고, 누군가는 나처럼 짧은 기간 동안 최대한 밀도 높은 준비로 목표를 이루기 위해 노력하는 사람도 있을 것이다. 하지만 둘 모두에게 해당되는 것은 결국 수능이 끝나고 나면 남는 것은 수능 성적표뿐이라는 것이다.

　전국 모의고사를 1등만 받아왔던 사람도, 5등급이나 9등급에서 시작하는 사람도 수능 날은 모두에게 동일하게 찾아오고, 동일한 조건이다. 지금까지도 그랬지만 열심히 하는 것보다 수능에 부합하게 준비하는 것에 중점을 두고 리듬을 정리해보자.

일단은 생활 시간을 수능 시간과 똑같이 맞추어라.

예를 들어, 1교시 국어, 2교시 수학, 3교시와 4교시는 탐구 영역 등 몇 분씩 배분이 되어 있을 것이다. 과목도 똑같이 맞추는 것이 좋지만 이는 10월 조금 넘어서 시작해도 크게 문제는 없다. 그때가 되면 수능 시간과 동일한 시간 배정을 하고, 수능 때 준비해야 할 준비물을 책상에 놓고 기출문제를 푸는 연습을 할 것이다. 그전까지는 부족한 과목의 점수를 향상시키는 것에 주안점을 두자.

특히 시간을 맞추는 것은 수능 시험 날과 똑같이 하자는 것인데, 이는 단지 앞서 이야기한 것과 같은 아침 8시 45분에 시작해서 오후에 종료하는 시험 시간만을 말하는 것은 아니다.

아침에 일어나서 머리를 깨는 시간까지 모두 포함하는 것이다. 즉 아침 6시에 일어난다고 가정하면 7시까지 영어 듣기를 하고, 8시까지 오답 노트를 정리하는 등의 일련의 행위를 모두 포함한다.

이후 수능 시험 시간표에 맞추어서 해당 과목의 공부를 하고, 점심시간도 똑같이 하자. 나는 평소 도시락을 싸 다녔기 때문에 도시락을 싸야 하는 수능 시험 때 평소와 같은 느낌으로 식사하기에 좋았다. 때문에 급식을 먹거나, 식당에서 먹거나, 집이 근처라서 집에서 먹는다고 하더라도 웬만하면 수능 한 달 전쯤 컨디션을 맞출 때는 점심은 도시락으로 해결하는 것을 추천한다.

매일 저녁의 수면 패턴도 비슷하게 유지하자. 그러려면 저녁 식사 시간도 일정하게 유지해야 할 것이다.

수능 전날엔 어떻게 할까? 긴장을 풀게 게임이라도 좀 할까? 어림 없는 소리. 당신이 잠들어서 다음날 일어날 때까지 자는 시간과 수면의 질까지도 당일과 비슷하게 만들어서 준비하는 것이다. 권장하는 수면 시간은 사람마다 워낙 달라서 차이가 있겠지만 나 같은 경우는 연속 6시간이다. 왜냐하면 수능 전날도 6시간은 푹 자고 시험을 칠 것이라고 판단했기 때문이다. 괜히 전날 잠을 설쳐서 지금까지 준비했던 기간을 망칠 수도 없고, 막판 승부를 내야 하는데 수면 부족으로 인한 집중력 하락을 하소연할 수도 없는 것이다. 하지만 평소에 새벽 1~2시에 자던 것을 내일이 수능이니까 11~12시에 자려고 하면 그렇게 잘 될까?

사람 몸은 의외로 패턴에 익숙해져서 하루아침에 바뀌지 않기 때문에 갑자기 달라진 수면 시간은 수면의 질을 좌우하고 다음날 컨디션까지 영향을 주게 된다.

대부분 사람들의 수능 후기를 들어보면 평소보다 못 쳤다고 한다. 누군가는 점심 먹고 졸려서, 누구는 점심을 일찍 먹고 배고파서, 누구는 전날 잠을 설쳐서, 누구는 긴장으로, 누구는 듣기평가를 실수해서 못 쳤다고 한다.

시험 때만 되면 남이 다리 떠는 것, 기침 소리, 온갖 것이 다 들린다. 남의 시험지 넘기는 소리까지 다 신경 쓰이게 되어있다. 하지만 그건 잠깐일 뿐이다. 시험 문제에 오롯이 집중하기 시작하면 그런 잡음은 어느새 없어질 수밖에 없다.

사실 이런 집중의 과정은 그동안 모의고사를 수능처럼 치면서 다 겪어왔던 것이다. 들리는 소리에 집중하지 말고 보이는 문제에 집중하자. 옆자리의 소음에 신경 쓰지 말고 스피커의 듣기평가에 집중하자. 당신이 평소와 똑같은 컨디션으로만 유지하더라도 수능을 보는 모든 사람들보다 상대적인 우위를 차지하고 있는 것이다.

결국 3학년 10월 정도부터는 평소의 모든 공부 시간이 수능 시험과 같은 시간이 되고, 매일매일을 수능 당일과 같이 유지하는 것이 중요하다.

수능은 인생을 결정짓는 요소가 절대 아니다. 하지만 수능은 인생의 수많은 구성 요소 중 10대를 마무리하는데 공식적으로 가장 큰 요소이다. 매우 중요한 관문일 수밖에 없다.

그렇다면 수능을 위해서 뭔가를 해야 하는데 무엇을 어떻게 해야 할까? 매일 밤새워 공부하고 수능 때까지 모든 것을 일절 끊고 공부에만 매진하겠다고 하는 것이 적절한 방법일까?

아니라고 본다. 사람의 정신력과 체력은 분명한 한계가 있고, 그 적절한 한계선상에서 최대한의 효율을 이끌어낼 수 있는 것이 필요하다. 정신력만을 강조하고 '나는 다 해낼 수 있어!'라고 하는 사람이 있다면 당장 쉬지 말고 턱걸이 백 개만 해보라면 현실이 무엇인지 보일 것이다. 갑자기 무언가를 각성해서 신체 능력이 수십 배 향상되는 것은 만화 속에서나 있는 이야기다. 설령 가능한 이야기라고 하더라도 수능에 적합한 내용은 아니다.

중요한 것은 노력의 총량이 아니라 그 노력의 방향을 목적 지향적으로 잘 설정하고 정확한 방향으로 차곡차곡 쌓는 것이다. 그렇게 쌓아올린 모든 것을 한 번의 기회에 실수 없이 발휘할 수 있도록 실전과 같은 연습을 하며 컨디션을 관리하는 것이 필요하다.

밤을 하루 더 새는 것이 노력이 아니다. 그것은 그냥 자기만족일 뿐이다. 수능 점수를 더 잘 볼 수 있으려면 어떻게 해야 할지 현명하게 고민하고 꾸준하게 이를 추진해나가는 것이야말로 수능을 위한 진짜 노력이라고 할 수 있다. 마지막 그날까지 머릿속에 뭐라도 하나 더 집어넣으려는 모습보다 놓친 것이 없는지 미리 준비하고, 실수를 줄일 수 있는 컨디션까지 관리하는 것이야말로 정말로 노력이라고 말할 수 있다.

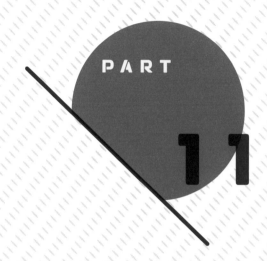

PART

11

대학수학능력시험

"

―――――――――――――――

"연습은 실전처럼, 실전은 연습처럼."
- 각 군 훈련장 -

―――――――――――――――
"

수능 전날은 안 그래도 긴장되기 쉬운 날이다. 웬만하면 이 긴장을 더할 수 있는 요소들을 차단하자. 라디오에서, 텔레비전에서 "전국 수험생 여러분, 힘내세요!" 등의 말만 들어도 '아, 내가 정말로 수능을 치는구나!', '수능 진짜 중요한 것이구나!' 하는 생각이 들 수 있다.

　보지 말고 듣지 말자. 한 달간 컨디션 훈련을 했던 것과 같이 그대로 지나가자. 수능 전날이니 일찍 집에 가서 목욕하고 푹 쉬라고 선생님이 말씀하셔도 똑같은 패턴으로 공부하고 똑같은 시간에 점심과 저녁을 먹자. 그리고 잠들 때까지 무리하지 않게 그동안 추려지고 추려진 오답 노트를 보고 '조금만 더 공부해야지.'라는 자세보다 '내가 뭔가 헷갈릴거나 잘 기억이 안 날 것은 없을까.' 하는 마음으로 쭉 읽어보자. 아니면 아예 그런 생각을 하지 않고 지금 시간이 '저녁 6시, 내가 12시에는 자야 하니까 6시간 동안 분야별로 오답 노트를 쭉 읽어보자.'라며 상기시킨다는 기분으로 정리하는 것도 좋다. 이렇게 하고 늘 잠자던 시간에 몸을 누이면 자연스럽게 잠이 들 것이다. 웬만하면 노래나 인터넷은 안 하는 것이 좋다. 강렬한 음악이나 시각적인 이미지를 보게 되면 시험문제를 보았을 때 기억나야할 것 말고 다른 것이 먼저 생각나기 쉽기 때문이다.

수능 날 아침. 평소와 같이 잤다면 컨디션 관리의 반은 성공했다. 이제는 평소와 같이 아침을 먹고 아침에 하던 공부를 하면 된다. 다만, 차가 막히기 전에 먼저 수능 시험장으로 가서 준비하는 것이 이득이다. 대범한 사람은 큰 상관없겠지만 나 같은 소심이의 경우에는 일이 계획대로 진행되지 않는 것에 대해서 상당한 압박감이 있다. 일찍 나서서 차가 막혀 수능 시험장에 도달하지 못할 것 같은 불안감을 없애고 시험장에서의 앞뒤 자리를 미리 확보해 불편한 자리에 대한 감각을 몇 분이라도 익숙하게 하는 것이 좋다. 거기다 고사장의 화장실 위치까지 미리 알아두면 많은 도움이 된다. 그 전날 이미 했겠지만 당일 시험을 치기 전 내 자리의 확보는 물리적인 것뿐만 아니라 정신적으로도 상당한 안정감을 줄 수 있다.

수능 당일에는 공부에 대한 많은 준비물을 가지고 가지 않는 것이 좋다. 앞서 이야기한 것과 같이 추스르고 추슬러 만들어진 오답 노트 몇 개나 단어장 정도와 아날로그시계나 샤프, 펜 등은 모의고사 때 본인이 평소 세팅했던 상태로 두고 마음을 추스르자. 모든 시험 전에도 그렇지만 지금 애매하게 '뭐가 기억이 안 날 것 같아 이 부분만 달달 외우자.'라든가 '오늘 여기서 나올 것 같은데…' 하면서 특정한 파트에 집중하지 말자. 지금은 절대 요행을 바라면 안 되고, 평소와 같은 컨디션을 유지하는 것이 중요하다.

예를 들어 달리기를 한다고 생각할 때 평소에 쭉 적응하고 준비해왔던 스타일이 있는데 마음이 앞서서 초반에 오버 페이스로 달린다거나 특정한 부분만 신경 쓴다면 반드시 전략적 실패로 이어지게 되어있다. 골인 전에 숨이 턱까지 차올라서 평소보다 훨씬 안 좋은 기록을 만들게 되는 것이다. 그러니 각 시험 전에 늘 보아왔던 오답 노트라든가 머리를 조금 풀어줄 기출문제 지문 몇 가지 정도만 준비하면 충분하다.

나는 마인드 컨트롤이 상당히 잘 안 되는 타입이라 시험 전 시간에 마음을 평소처럼 가라앉히기 위해서 무언가를 보기보다 조용히 머리를 진정시키는데 투자했다. 이 방법이 나에게는 적합했는데, 어떤 한 문제를 집중하다가 막상 시험지를 보면 집중하고 있는 대상이 달라지면서 항상 약간의 정리 시간이 필요했기 때문이다.

자, 수능이다. 시험지를 배부하기 전에 주의 사항을 전달하며 준비 시간을 가질 때 많은 생각을 하지 마라. 당신은 지금까지 쭉 열심히 해왔고, 안 해왔어도 이제 와서는 어쩔 수 없다. 지금 새로운 문제를 익혀 푸는 것보다 지금까지 익혔던 것을 실수 없이 풀어내는 것이 훨씬 중요하다. 당신 자신의 마음을 차분하게 오롯이 시험에 집중할 수 있도록 가라앉히는 것이 중요하다. 필요하면 눈을 감고 잠깐 깊게 숨을 들이쉬었다 내쉬는 것도 좋다. 그리고 매번 모의고사 때마다 했던 것처럼 시험을 치자. 똑같은 문제다. 특별할 게 하나도 없다. 늘 하던 그대로 하면 된다.

그럼에도 불구하고 가끔씩은 패닉에 빠질 때도 있다. 내 경험으로는 3학년 올라가면서 개인적으로 굉장히 신경 썼던 모의고사를 풀 때 문제를 받고 지문을 읽는데 이게 한국어인데도 읽히지가 않았다. 문장으로서 인식이 되지 않고 글자들이 마치 떠다니는 것처럼 단어와 단어가 이어지지 않는 현상을 경험했기에 이런 사태를 대비해서 많은 고민을 했다. 나름의 해결책은 시험을 '절대적인 어떤 장애물'로 인식하는 것보다는 '출제자와 대화를 나누는' 것으로 인식하는 것이었다.

빠르게 문제를 풀다가 난이도 있는 문제를 만났을 때 이런 패닉 상태가 일어났는데, 이때 출제자와 문제에 대해 말을 주고받는 과정이라고 생각하니 마음이 한결 나았다.

1번부터 초반 몇 문제는 난이도가 낮은 '인사'로 보자. 절대로 처음부터 어려운 질문을 대뜸 하지 않는다. 가끔 그런 일이 발생한다고 하거나 하필 당신이 잘 모르는 게 나왔다고 하더라도 2번을 보면 좀 나을 것이다. 출제자는 당신을 깔아뭉개기 위해서 시험을 내는 것이 아니라 모든 실력을 투자한 후의 변별력을 평가하는데 목적이 있으므로 초반의 이른바 워밍업 타임을 반드시 주게 되어있다.

'이름은? 나이는? 무슨 과목 공부해? 아 국어 영역이야? 이 지문은 어떠니? 오 이것은 아니?'라는 느낌이다.

여기서 이름이나 나이같이 어지간하면 대답할 수 있는 것이 초반에 분포되어 있기 때문에 마음을 가라앉힌 상태에서 찬찬히 읽어보면 풀릴 것이다.

사람마다 문제 풀이 방식은 다르겠지만 나는 1번부터 순서대로 푸는 것을 선호하는 편이다. 물론 뒤에 빈칸 채우기나 이런 것들은 자신이 노리는 등급에 따라서 다시 생각해볼 문제이지만 1등급을 노린다면 만점 받을 각오로 진행할 테니 어떤 순서로 풀어도 비슷할 것이다. 특별한 방책이 없으면 1번부터 풀기 시작해서 집중력이 극대화될 때 어려운 문제로 진입하도록 하자. **'초반에 빨리 풀어야 되는데…'이런 생각할 것 없다. 초반 몸풀기 시간은 생각보다 길지 않다.** 좀 시간을 투자한다고 해도 애매하게 건너뛴 다음에 정말 집중해서 풀어야 하는 문제를 만났을 때 '아까 몇 문제나 건너뛰고 왔는데…' 하는 마음에 둘 다 놓치는 것보다 낫다.

중간 중간 쉬는 시간에 불필요하게 시간을 보내지 말고 쉬는 시간을 5분씩 쪼개어서 오답 노트를 보고 다음 시험을 준비하자. 또 나머지 시간은 눈과 머리의 피로도 풀어 시험에 오롯이 집중할 수 있는 상태를 만들자.

하지만 절대로 포기하지 말자. 쉬운 문제가 나왔을 때 실수하지 않는 것도, 어려운 문제가 나왔을 때 하나라도 더 건지는 것도 모두 나를 위한 것이다. 쉬운 문제라고 막 풀다가 나중에 "아는 건데 틀렸어!" 하는 사람, 어려운 문제를 보고 포기하며 "에이 재수하지 뭐." 하는 사람들은 포기하지 않고 노력하는 우리가 더 좋은 성적을 받을 수 있도록 도와주는 사람들이라고 생각하자. **늘 해오던 대로 포기하지 않는 것만으로도 그렇지 않은 많은 사람들보다 유리한 기회를 가질 수 있다.**

PART

12

가장
중요한 것은

"

——————————————

"어쨌든 노력을 계속 하시오. 그렇게 하는 가운데
언젠가는 반드시 자신감과 용기가 솟아나게 될 것입니다."
- 다란벨 -

——————————————

"

수학 잡기

앞서 이야기했지만 우리나라에는 참 많은 수포자가 있고 나도 역시 그랬다. 사실대로 이야기하자면 대학 수학은 아직도 수포자 신세임을 고백한다.

그러나 수능 수학의 경우에는 접근 방법을 몰랐거나 초반에 기초를 잡는데 많은 시간을 차지하기 때문에 엄두가 안 나서 어쩔 수 없이 수포자가 되었을 가능성이 너무나 크다. 나도 역시 그랬다. 다른 과목은 잠깐 쉬면서 기초 문제집 한 달에 세 번 풀기와 필요하다면 학원 도움을 한번 받아보는 것도 좋을 것이다.

수능에서 수학은 너무 큰 장점이 있다. 몇 번이나 이야기했지만 일단 어느 정도 수준이 되고 나면 시험의 난이도와 관계없이 일정하게 높은 등급이 나오게 된다. 그리고 그것은 수많은 수포자와 당신의 등급 자체를 구분 짓게 만드는 것이라서 실질적으로 다른 과목보다 훨씬 큰 매력이 있다.

또 아까 이야기한 것과 같이 기초를 위한 시간이 많이 든다는 것인데 실은 다른 과목을 아예 쉬게 되는 시간은 거의 한두 달에 불과하다. 그래서 초반에 하면 할수록 유리하다.

반대로 이야기하자면 당신이 지금 수포자라면 지금 바로 시작하는 것이 가장 유리하고, 시간이 지나 수능이 가까워지면 가까워질수록 다른 과목도 공부해야 하기 때문에 미리 시작하지 못한 사람들과의 차이는 더욱 커지게 된다. 그러니 지금 고등학교 3학년 2학기가 아니라면 수학을 잡자.

목표를 정하고 자신의 위치를 확인하기

특별히 무언가를 가지고 태어난 사람이 아니면 우리는 통상 노력을 해야 한다. 그런데 이 노력이라는 것이 생각에만 머물러 있다면 스스로를 괴롭히는 정신적 족쇄밖에 되지 않는다. 노력이 노력으로서 가치를 갖기 위해서 중요한 것은 방향의 설정이다. 방향을 설정하기 위해서 필요한 것이 '목표'와 '자기 분석'이다. 골인 지점이 없이는 레이싱 자체가 불가능하듯이 하고 싶은 목표를 명확히 만들어보자. 아니면 공부밖에 할 수 없는 고등학교 3학년이라는 상황에 밀려서 선택하는 것도 나쁘지만은 않다. 그 상황에서 최선의 선택을 하는 것이기 때문이다.

그리고 될 수 있으면 목표를 크게 잡자. 다른 복잡한 현실과는 달리 수능은 일단 잘 치면 이득이기 때문에 '와, 이거 되면 대박인데?' 정도의 목표가 딱 좋다. 하지만 너무 방향이 다르거나 목표가 터무니없이 크면 스스로도 쉽게 지칠 수 있다. 그러니 눈에 보이는 생생한 것으로, 그중에서 가장 높은 것을 정하자.

다음은 자기 분석이다.

대부분의 사람들은 자기 자신을 과대평가하고 있다. '난 아니야' 하는 사람들도 어떤 점에 있어서 잘 안 될 때 발끈한다. 주로 '내가 쟤보다는 잘한다.'라고 했던 마지노선이 무너지는 어떤 순간, 또는 '아는 문제인데 틀렸어.' 하는 순간에 그렇다. 이때 당신은 자존감을 형성해야지 똥고집과 자존심만을 내세워서는 절대 안 된다. 즉 '조금 더 열심히 하면 저 녀석 정도는 이길 수 있어.'라던가, '다음에는 실수하지 않을 수 있어.' 하는 스스로를 믿는 근거 있는 자존감을 챙겨야 한다.

의외로 대부분은 '내가? 이번에는 실수였어.' 하고 덮고 넘어가는데 그렇게 되면 나중에는 자존심은커녕 자존감마저 챙기지 못하게 된다. 이렇게 건강한 자존감을 바탕으로 자신의 위치를 냉정하게 보고, 목표를 위한 합리적인 계획을 설정하여 하루도 쉬지 않고 그 계획을 꾸준히 이어가는 것이야말로 환상이 아닌 실질적인 노력이다.

자세 익히기, 수능만의 문제가 아니다

나는 특별한 경험이 많지 않다. 어떻게 보면 군에서의 일들이니 모든 것이 특별한 내용이기는 하지만 많은 여행 경험으로 여행기를 쓰는 사람들이나 위대한 업적을 남겨서 자기계발서를 쓰는 사람들과 같이 남에게 이야기해줄 만한 것은 별로 없다. 그렇지만 많은 분들이 궁금해 하는 것 같아 학생들을 대상으로 공감을 얻을 수 있는 수능 이야기를 적었다.

수병에서 제독까지 전우들의 이야기를 들어보면 자신을 분석하고 목표를 설정해 꾸준한 노력을 취하는 태도는 단순한 수능이라는 시험을 떠나 성장의 방법이라는 것은 확실해 보인다. 특히 싸우면 이겨야 하는 군인이라는 직업을 떠나 일상에서도 공략할 목표를 명확하게 하고 공략 계획을 세분화하여 충분히 준비하는 것은 당연히 목표를 이룰 수 있는 확률을 엄청나게 올려준다. 모두가 당연히 알고 있지만 다만 그것이 쉽지 않기 때문에 못하는 것이다.

다행히 수능에서는 정해진 과목의 시험이라 노력할 수 있었다. 그러나 사회에서는 수능 과목보다 훨씬 많은 과목을 목표로 삼아 공부하고, 공략해야 하기 때문에 더욱 어렵다. 그럼에도 불구하고 꾸준한 위치 확인과 목표 세우기와 이를 이루기 위해 노력하는 것은 항상 지금보다는 좋은 결실을 낳는다.

수능 때부터 이것이 연습된다면 단순히 수능을 잘 보는 것을 떠나서 자신감을 얻고 노력의 가치를 깨닫게 되어 인생에 더 도움이 되리라 생각한다.

결국은 사람 사는 세상이다. 당장 곁에 있는 친구들만 봐도 누구는 편안하고, 누구는 재밌고 유쾌하며 또 누구는 불편해 함께하는 시간이 어렵다. 유머 감각이나 그 사람 특유의 매력은 어쩔 수 없는 부분이 있다고 해도 상대를 편하게 해주는 것은 예의가 습관으로 만들어질 때 자연스럽게 발현될 수 있다. 그러한 생활 태도를 통해서 점점 자기편을 많이 만들 수 있다.

사회에서도 똑같다. 무슨 일을 함께할 사람을 찾을 때 퉁명스럽고 이기적인 사람보다 편안하게 함께 일하고 싶은 사람이 훨씬 낫지 않을까? 물론 능력이 우선시 되어야 하지만 '어떤 자리'가 딱 '어떤 능력'과 매치되어야만 하는 경우는 거의 없다. 대부분의 경우 능력의 차이가 엄청나게 두드러지는 경우도 잘 없다. 관련된 자격증이 열 개가 있어도 그 분야에서 몇 년 종사한 사람에 비하면 상대가 안 된다. 결론적으로 '함께하고 싶은 사람'이 되어야 어떤 일이든 잘 된다는 이야기다.

수능을 보려고 12년간 공부했다고? 아니다

종종 수능 후기를 보면 '내 12년의 학창시절이, 또는 19년의 인생이 이 시험 한 방으로 결정되는 것 같았다'라는 말을 많이 한다. 전혀 그렇지 않다. 그것은 초등학생이 중학교에 들어갈 때 '내 6년의 인생이 이 중학교 입학으로 결정되는 거 같았다'와 같은 말이다.

수능은 엄청나게 중요하지만 또 그렇게 중요하지도 않다. 일단 당신이 초등학교와 중학교까지 의무 교육을 쭉 받아오는 9년은 대한민국에서 정상적으로 살아갈 수 있도록 헌법에 의거하여 기본 교육을 받은 것이다. 그야말로 온라인 게임의 튜토리얼 같은 거다. 이것은 수능을 위한 공부가 아니라 사회화 과정일 뿐이다. 물론 요즘에는 워낙 학구열이 치열해서 중학교 때 이미 고등학교 과정을 공부하기도 하는데, 글쎄, 나는 그렇게까지 할 필요성은 못 느끼는 사람이다. 그 시절이야말로 상식을 쌓고, 사람 관계에 대한 기본을 익히고, 책을 읽는 등의 다양한 활동을 해야 하는데 선행학습만 하는 것이 좋을까 싶다. 더욱이 미리 공부한 것들이 과연 밀도 높게 머릿속에 3년 이상 보관될지 궁금하기도 하지만 그것이 본격적인 '수능 공부'라고 할 수 있을지도 나로서는 아주 의문이다.

결국 고등학교에 진학해서 성향에 따라서 대학과 전공을 정하고, 수능 공부를 하는 것이다. 그러니까 '내 3년의 인생이 수능으로 평가되었다' 정도면 적당하다. 12년은 좀 지나치다. 왜 굳이 이런 이야기를 하느냐 하면 수능을 위해서 12년을 바쳤다는 말은 수능에 거부감을 줄 수 있기 때문이다. 12년은 그저 학생 신분이었던 기간의 합에 불과할 뿐이다.

수능을 본 다음에도 인생에서 크게 결정되는 것은 없다. 결정되는 것은 단지 입학하는 대학교일 뿐이다. 거기를 무사히 졸업한다는 보장도, 졸업하고서 원하는 진로대로 간다는 보장도 없다. 그래서 앞에서 '자세'를 강조했다. 수능을 잘 볼 수도, 못 볼 수도 있지만 잘 보기 위해 고민하고 노력했던 당신은 고스란히 남아있다. 이게 더 큰 자산이 된다. 일찍 포기한다면 '할 수 있다'는 자신감을 얻기 어렵고, 항상 찝찝한 마음을 가지고 성인이 된다. 만약 성인이 된 후에도 열정을 불태워 볼 기회를 못 가지게 된다면 평생 나약한 마음으로 살게 될 것이다.

불만은 나에게 있는 것이고 감옥은 내가 만든 것이다

수능을 준비하는 시간이 길고 답답하다 보니 수능에 대해서 참 많은 불만들이 나온다. 외국의 교육과 우리나라 교육을 비교하는 이야기들. 미국에서 교육을 조금이나마 받아보았지만 내가 느낀 것은 다 똑같다는 것이다. 외국 학생들도 토론할 때는 토론하고 암기할 때는 암기해야 한다.

특히 '달달 외우는 것'에 거부감이 많은데, 어쨌든 어떤 이론을 새로 만들거나 새로운 이론을 배우려면 관련된 배경 지식이 머리에 들어있지 않으면 안 된다. 당장 게임만 보더라도 무슨 효과, 타이밍, 상성, 특징 등 수없이 많은 것들을 알아야 새로운 전략을 만드는 것은 물론이고 최소한 게임다운 게임을 플레이할 수 있지 않은가? 그리고 여기서 소개한 것과 같이 달달 외우는 것이 아니라 읽으면서 전체적인 맥락을 이해하는 개념이기 때문에 공부에 제대로 집중해보지 않은 사람들이나 저런 표현을 쓰는 경우가 많다.

생각해보라. 게임을 할 때 각종 능력치를 달달 외우고 플레이를 했는지 아니면 하다 보니 자연스럽게 익혔는지.

저렇게 달달 외운다는 표현은 쪽지시험을 위한, 그야말로 문제은행의 시험을 풀 때나 적절한 말이다.

학생 때 친구들이 감옥이라는 표현을 많이 썼었다. 그 친구들이 지금 사회에 나와서는 만족하고 살까? 여전히 그들은 항상 쫓기고 갑갑한 감옥 속 같다고 징징거린다. 사회 역시 학교보다 울타리가 넓어졌을 뿐 사는 것은 크게 다르지 않기 때문일 것이다.

스스로 감옥이라고 울타리를 만들어 두면 그것은 절대 사라지지 않는다. 커지거나 작아질 뿐.

경제적으로 엄청나게 부유해지면 사라질까? 굉장히 고급스러운 창살을 가진 감옥이 될 뿐이라고 한다. 행복의 기준을 어떤 물질적인 것, 경제적인 것, 기타 자신이 부러워하는 대상에 둔 사람치고 스스로의 일에 만족하면서 사는 사람을 별로 보지 못했다.

결론적으로 불만을 가지고 징징거리고, 짜증내고, 욕해봐야 나아지는 것은 하나도 없다는 것이다.

수능이든 무엇이든 자기 주도적으로 무언가를 계획하고 그것을 성취하면서 자신을 이겨가면서 나아가야 의미가 있다는 것이다.

돈을 가치의 척도로 삼은 사람은 평생 빌게이츠 회장과 같은 사람을 보며 상대적 박탈감에 시달릴 것이고, 외모를 최고의 가치로 삼은 사람은 연예인을 보면서 성형 중독이 되거나 자존감을 잃어 갈 뿐이다.

자신과 주변을 존중하며 어제보다 더 나은 모습이 될 수 있도록 노력하는 자세로 그날의 목표를 달성하는 스스로를 사랑하도록 하자. 당신의 삶은 전쟁이 아니다. 이기고 지는 것이 아니라 어차피 끝이 있는 삶을 어떻게 살아가는지가 중요하다.

수능을 준비하는 시점은 겨우 인생의 5분의 1시점이고, 수능은 단지 5분의 4의 인생을 살아가는데 하나의 마일스톤에 불과한 것이니 이제 펼쳐질 당신의 인생을 위해서 방향을 확인하는 정도의 수단으로 사용해보자. 물론 그러기 위해서는 딱 이 시기만 최선을 다해보자. 전략대로 열과 성을 다해서 시험을 봐야 진정한 자신의 학문적 재능이나 과목별 취향을 알 수 있을 것이다.

"숙고할 시간을 가져라. 그러나 일단 행동할 때가 오면 생각을 멈추고 뛰어들어라."
- 나폴레옹 -

EPILOGUE

벌써 세 번째 책이다. 책을 쓰는 것은 장교로서 내게 아무런 이득이 없다. 이 말은 진급하는 데 도움이 되지 않는다는 것이다. 차라리 책을 쓰는 시간에 진급 점수에 반영되는 자격증을 따거나, 업무 보고서라도 한 장 더 쓰는 것이 더 이득일 것이다. 모난 돌이 정 맞는다고 오히려 눈치가 보이는 경우가 생긴 적도 있다.

하지만 '해군장교의 유쾌한 세계일주기'(첫 저서)를 보고 생도 생활과 해군의 항해에 매력을 느낀 인재가 단 한 명이라도 더 해군과 해군사관학교에 지원한다면, '국민고객을 위한 생산적인 국방업무'(두 번째 저서)를 보고, 단 한 명이라도 방위사업의 부흥과 국방창업에 관심을 가져 경제 정책에 새로운 활로를 열고 공직 사회의 성과와 효율을 더 창조적으로 이루려는 움직임이 있다면 더 바랄 것이 없겠다.

마지막으로 이 책을 보고 단 한 명의 수험생이라도 깜깜한 수험 생활에 도움을 얻는 사람이 있었으면 좋겠다. 거기다 사관학교를 지원해서 건전한 사고로 훌륭히 업무를 수행해준다면 더 이상 바랄 것이 없을 정도이다.

이러한 집중적인 필자의 집필 활동은 필자가 잠시 업무에서 벗어나 석사 학위를 위해 공부하는 위탁 교육 기간이기에 가능했다. 십수 편의 공학 논문을 쓰면서 인문학과의 관계를 유지하기 위해 짬짬이 하고 싶은 말과 해야만 하는 말을 정리해서 출판했다. 이제 복귀해서 성실하게 공직에 임해야 할 때다.

내가 이런 책을 쓰는 것은 사관학교에 와서 현재 소령으로 복무하면서까지 국가에 많은 도움을 받았기에 국민들께 받은 은혜를 갚는 방법 중 하나라고 생각했다. 이게 머리말에서 언급한 책을 쓰는 세 번째 이유다. 이 세 번째 이유는 머리말에 이미 나와 있다. 본문에서 국어 영역은 지문에 답이 있다고 한 말 기억하는가?

못난 말주변에 엉망인 문장력으로 수험 때의 막막했던 기억과 기록을 정리하여 썼다.

'나는 공부를 잘하지 못한다. 두뇌가 남들보다 뛰어나지도 않다.'라며 스스로를 그렇게 생각하는 사람들이 있을 것이다. 나도 그랬다.

공부는 재능이 상당한 비중을 차지한다고 한다. 안타깝게도 몇몇 사람은 공부에 재능이 부족할 수 있다. 그렇다고 대학까지 나쁜 곳으로 가야 한다는 것은 아니다. 수학능력시험이라는 제도를 통해서 더 양질의 교육을 받으면 우리는 좀 더 나아질 가능성이 크다.

내가 말하고 싶은 것은 수능이라는 미션을 성공적으로 수행하라는 것이지, 당신의 머리가 좋아져서 국어, 영어, 수학, 사회 및 과학 분야에 대한 큰 지적 성장을 일으키라는 것이 아니다.

다윗과 골리앗의 이야기를 들어보았나?

성경에 나오는 이야기로 난공불락의 골리앗이 양치기 다윗의 돌팔매에 전사했다는 내용이다. 싸워 이기기 위해 꼭 상대방만큼의 근육과 체구가 있어야 하는 것은 아니라는 이야기다.

수능이란 골리앗과 같다. 엄청난 학문적 깊이와 넓이를 토대로 만들어진 시험이다. 하지만 이 골리앗을 때려눕히는 데 그만한 학문적 깊이와 넓이를 가질 필요는 없다는 것이다.

딱 미간 사이에 물맷돌을 날릴 돌팔매 실력과, 이것을 성공시킨다는 믿음이 있으면 1년이면 못할 것도 없다는 이야기를 하고 싶었다.

내가 진실이라고 믿는 것 중 하나는 연습하면 나아지고, 진심은 통한다는 것이다. 당신이 진심을 가지고 연습하면 당신의 성적은 반드시 향상되고, 그러한 노력은 주변으로 전파되어 응원으로 돌아올 것이다.

날이 갈수록 노력보다는 타고난 재력과 재능에 좌우되는 것들이 많은 것 같다. 당연히 중학교 때 처음 알파벳을 본 사람과 유치원 때부터 원어민 강사와 함께 공부한 사람의 영어 능력의 차이는 클 수밖에 없다. 어릴 때부터 고급 학원을 다니고 있는 학생과 그렇지 못한 학생의 차이는 날 수밖에 없다. 하지만 우리가 수능에 있어서만큼은 그러한 격차를 뛰어넘어 희망을 볼 수 있어야 한다.

시험을 잘 봐둬서 나쁜 점은 없다. 오히려 이래저래 도움이 될 수 있다. 특히나 학위라는 것은 혈연, 지연, 성별을 떠나서 본인이 스스로 쟁취한 첫 관문이라고 할 수 있다. 대학은 '평생 따라다니는 꼬리표'라고 이야기들을 한다. 나도 이 말이 너무 싫어서 그런 말을 하는 사람들을 '꼰대'라고 생각했는데, 다시 생각해보면 이 말은 평생 사용할 수 있는 카드라는 뜻도 되었다.

내가 존경하는 선배님이 이런 말씀을 하셨다.

"공부를 잘 하려면 어떻게 하면 되는지 아냐?"

"열심히 해야 하나요?"

"아니지, 시험을 잘 치면 돼."

당신이 진심으로 그 과목을 잘 알든 아니든 좋은 성적을 받으면 당신은 공부 잘하는 학생이 되고, 수능은 그 증빙 자료가 된다.

무슨 일이 있을 때 핑계를 만드는 게 몸에 밴 사람이 의외로 많다. 어려움 가운데서 방법을 찾으려는 자세만 잊지 않는다면 당신에 대한 평가는 엄청나게 달라진다. 정말 공부하기 싫으면 수능을 준비하면서, 풀기 싫은 문제들을 풀면서 그런 삶의 자세를 연습한다는 생각을 해보는 것도 괜찮을 것이다.

특별히 보이는 길이 없다면 공부하자. 그 끝에 무엇이 있을지는 모르겠지만 본분에 맞게 최선을 다하면 최소한 현재의 당신보다 더 나은 당신을 발견하게 될 것이다.

수능 고득점과 사관학교 합격을 위해서 준비하는 모든 분들에게 좋은 성과 있기를 진심으로 기원드리며 선후배로 마주앉아 술잔을 기울일 수 있게 된다면 너무나 영광이겠다.

항상 노력하시는 모든 분들과 대한민국의 안녕과 번영을 위해서 기도드린다.

"추구할 수 있는 용기가 있다면 우리의 꿈은 이뤄질 수 있다."

- 월트 디즈니 -

1년 준비해서 사관학교 가는 법

초판 1쇄 발행 2019년 1월 22일
초판 2쇄 발행 2021년 1월 28일

지은이 장상훈
펴낸이 김양수
표지 본문 디자인 곽세진   교정교열 박순옥

펴낸곳 휴앤스토리   출판등록 제2016-000014
주소 (우 10387) 경기도 고양시 일산서구 중앙로 1456(주엽동) 서현프라자 604호
대표전화 031.906.5006   팩스 031.906.5079
이메일 okbook1234@naver.com   홈페이지 www.booksam.kr

ISBN 979-11-89254-13-1 (43190)

＊이 책의 국립중앙도서관 출판시도서목록은 서지정보유통지원시스템 홈페이지(http://seoji.
  nl.go.kr)와 국가자료공동목록시스템(http://www.nl.go.kr/kolisnet)에서 이용하실 수 있습니다.
  (CIP제어번호 : CIP2019001643)